激変!
キャッシュレス時代の金運アップ対策

李家幽竹の＼一生／お金に困らない超★風水術

李家幽竹
Yuchiku Rinoie

ダイヤモンド社

はじめに

月日の流れは早いもので、『絶対、お金に好かれる！　金運風水』（ダイヤモンド社）の出版から8年が経ちました。その間、世界中で吹き荒れたコロナ禍を経て、お金のあり方も、また人々のお金についての考え方も、大きく変わりました。

スマホのアプリによるキャッシュレス決済が急激に普及し、現金を使う機会が激減。財布からお金を出し入れすることなしに、スマホひとつでモノやサービスを手に入れることができる世の中になりました。

それと同時に、家を建てる、車を買うなどの物質的な豊かさを求める暮らしより、心の豊かさや充実を大切にしたいと考える人が、ますます増えたように思います。

一方で、不況が長く続き、今後の自分の人生や老後の生活に不安を抱く人も増えています。

そんななか、世界的な運気の流れも、大きく変化しつつあります。

皆さんは「遷移期《せんいき》」というものをご存じでしょうか？

ほとんどの方が知らず、また、耳慣れない言葉だと思います。

風水では、2000年から3000年単位で世の中の運気の流れが大きく変わる時期が訪れると言われています。世界が変わるほどの大きな運気の流れがある時は、まず天が先に動き、少し遅れて地が動きます。その「天が動いてから地が動くまでの間」を風水では「遷移期」と呼んでいるのですが、私たちは、今まさに、その遷移期のまっただ中にいるのです。

遷移期はそれ自体がおよそ１００年続くもの。今回の遷移期は数年前に始まっていますから、私たちはこの先ずっと遷移期の時代を生きることになるのです。

この遷移期を乗り越えるには、自分が変化の波の中にいることを自覚し、次々と起こる変化に対応できる柔軟さをもつ必要があるのです。それができない人は、残念ながら時代の流れに取り残され、運にも見放されてしまうことに。

本書は、遷移期というかつてない不安定な時代を皆さんと一緒に乗り越えていくための本として書かせていただきました。世の中のデジタル化を鑑み、これまで私が提案してきた金運風水を根本からアップデートし、新たな金運アップ術を多数盛り込みました。

ぜひ本書を手に、自分にとっての「豊かさ」とは何かを、今一度考えてみてください。あなたが考える「豊かな生活」を手に入れること、それがすなわち「金運を上げる」ことにつながっていきます。

この本を読んだ皆さんが、お金に対するあらゆる不安から解放されて、「この先、何があっても大丈夫」「自分の手で金運をつくっていける」と思えるようになり、この先の人生を希望と共に歩んでいけるようになることを心から願っています。

李家幽竹

激変！ キャッシュレス時代の金運アップ対策
李家幽竹の一生お金に困らない超★風水術

もくじ

序章 金運アップスタート！

第1章 キャッシュレス時代のデジタル金運風水

第2章 たったこれだけ！ 金運を上げるスマホのルール

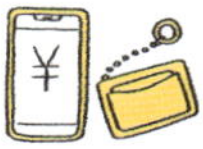

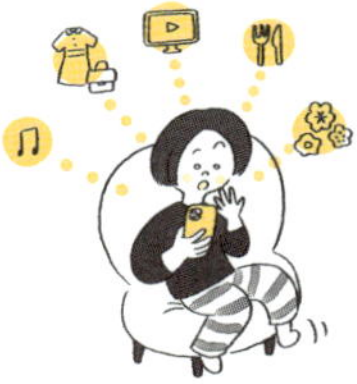

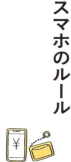

第3章 今日から実践！ 金運体質をつくる20の習慣

第4章 節約はしない！貯めすぎない！お金を「回して増やす」生き方、考え方

第5章 超長寿時代を「豊かに生きる」暮らし方

第6章 お金が集まる家づくりのコツ

ふ〜っ♡

第7章

今すぐ金運がほしいなら、旅行で運を取りに行く

序章

金運アップスタート！

今こそ「運」の力を見直して

現代は情報社会。お金に関する情報があまねく飛び交い、さまざまな節約術を実践する人が増える一方で、人々がもつ「運をつくり出す力」はどんどん弱くなっているように感じます。一生懸命節約したり、マネープランを工夫したりしてもお金が増えない、豊かにならないと感じている人が多いのもそのせいでしょう。

そもそも、「運」とは、そして「運のよさ」とはどういうものなのでしょうか。

一般的に「運」とは、自分ではコントロールできないもの、偶然発生的なものととらえられることが多いですが、風水における「運」は、それとは異なります。

風水では、いいことであれ、悪いことであれ、何かが起こるとき、その出来事は必ず環境によって引き起こされているのだと考えます。身の回りにいいことや楽しいことばかり起こる人と、逆に嫌なことや不愉快なことばかり起こる人、その違いはその人がもつ「環境」によるもの。「運がいい人」というのは、起こるかどうかわからない偶然に頼らなくても、いい出来事を自然に自分の身の回りに引き寄せられる、そういう環境をもつ人のことなのです。

では、運がよくなると、一体何が起こるのでしょうか。カフェでドリンクを頼んだらクッキーをサービスされる、高倍率のチケットが当選する、ちょっとした臨時収入がある……皆さんが思い浮かべる「運のよさ」は、そんなイメージかもしれませんが、「運のよさ」が引き起こす変化とは、もっとスケールの大きいものです。

運がよくなるということは、その人の環境すべてが一段階グレードアップするような、抜本的な変化です。ただ「いいことが起こる」だけではなく、自分が望む運を自分の手でつくり出したり、増幅したりすることができるようになります。つまり、あらゆる点で、それまでより「ひとつ上の自分」になれるのです。

長く不況が続き、先行きが見えない時代だからこそ、頼りになるのは「運のよさ」。世の中がどんな状況になっても、びくともしない自分を確立する、そのためにも運をしっかり鍛え、自分の手で豊かさを生み出していきましょう。

あなたにとっての「豊かさ」とは？

「豊かさ」や「豊かな暮らし」という言葉で、皆さんが思い浮かべるのはどんなことですか？

一昔前までは、一戸建ての家や高級車、別荘など、物質的な豊かさを手に入れることが、すなわち「豊かになる」ということでした。しかし、今はそういった「豊かさ」を理想として追い求める人は少なくなりました。「ぜいたくをすること」＝「豊かさ」であった時代は、もう終わったのです。

では、現代における「豊かさ」とは何でしょうか。

豊かさとは、自分が求める理想の暮らしができることであり、それがあることで幸せになれるもの。人が人として楽しく幸せに生きるためになくてはならないもの、それが「豊かさ」であり、それを実現するために必要なのが「お金」です。

人類の歴史のなかで、お金はさまざまに形を変えてきました。最初は石の通貨であったものが金属のコインになり、紙幣になり、そして形のないデジタル通貨へ。しかし、形が変わっても人がお金に求めるものは変わりません。

日本の文化では、お金のことを口に出すのははしたない、卑しいと思われがちですが、それはお金に対して失礼というもの。もちろんお金で買えないものもあるでしょう。でも、お金があるからこそ手に入れられる幸せもたくさんあるのです。

「お金なんていらない」「お金がなくても幸せになれる」などとうそぶいているうちは、お金も幸せもあなたのもとにはやってきません。

まずは、あなたが手に入れたい「豊かさ」「幸せ」はどんなものなのか、具体的にイメージしてみてください。そして、それを手に入れるためにどれくらいお金が必要なのか、計算してみましょう。「もっとほしいけれど、どれくらいかは分からない」「何となく今持っているお金では足りなそう……」といったふんわりしたイメージではなく、何にどれくらいお金がかかって、不足分はいくらなのか、きちんと計算して具体的な数字を出しましょう。それが「豊かさ」を手に入れる第一歩です。

「金運のいい人」とは「一生豊かにお金を使い続けられる人」

「金運のいい人」というと、「お金をたくさん持っている人」をイメージする人が多いかもしれませんが、この両者は必ずしもイコールではありません。

資産が100億円以上あっても、「お金がなくなること」の心配ばかりしている人もいれば、収入が少なくても自分の好きなものに囲まれて楽しく暮らしている人もいます。前者は「お金をたくさん持っている人」ではあっても、決して「金運のいい人」とは言えませんし、後者は持っているお金が少なかったとしても、金運には恵まれています。

金運のよしあしは、お金持ちであるかどうかで決まるものではないのです。

「金運」とは、すなわち「豊かさ」です。どんなにたくさんお金を持っていても、「将来お金に困るかもしれないから」と、手持ちのお金を貯め込んで一円でも出ていくことを惜しむような人は、お金持ちではあっても「豊かな人」ではありません。

収入や資産の額にかかわらず、自分が今手にしているお金で充実した生活を送り、この先もずっと心豊かにお金を使い続けられる人、それが「金運のいい人」です。

金運のいい人というのは、お金が出ていくことがあっても、必ずそれ以上のお金が入ってくるというサイクルの中で生きています。ですから、お金をケチったり出し惜しんだりしませんし、お金がなくなるかもしれないと心配したりもしません。

一方、金運の悪い人は、お金のサイクルがうまく循環していないので、「お金がない」「お金が足りない」という漠然とした不安にいつも悩まされています。日々いかにしてお金を使わずに過ごすかということばかり考えていますし、出ていくお金のことが気になって、楽しみごとに使うお金ばかりか、必要なお金も切り詰めがちです。

どちらの人生が「幸せ」か、もう答えは明らかですよね。

お金は、ただ持っているだけでは「モノ」に過ぎません。お金をたくさん持っていること＝幸せではなく、**そのお金を幸せに替えられる人が「幸せな人」なのであり、その幸せをずっと持ち続けられる人こそが、「金運のいい人」なのです。**

金運を鍛えることは、トータル運アップの第一歩

金運がよくなると、実際に何が起こるのか、考えてみたことはありますか？

臨時収入がある、買い物をするといつもより多くポイントが付いてくる、家の中から忘れていたお金が出てくる……といった「ちょっとした収入アップ」を思い浮かべる人が多いかもしれません。もちろん、それも金運アップの結果の一部ですが、それだけではありません。

金運というのは豊かさであり、ゆとりです。**金運が上がれば、金運だけでなくほかの全ての運気も増幅され、豊かになります。**豊かさが増えるということは、全ての運気のトータルな底上げにもつながるのです。

また、金運が上がると、何をするにもゆとりができます。「しなくてはいけないこと」だけでなく、「時間やお金があったらしたいこと」にもチャレンジできますし、自分以外の人に気を配る余裕ができ、ボランティアや寄付など、人のために何かをすることもできるようになります。

金運を鍛えることは、自分が幸せになるだけでなく、自分以外の人を幸せにすることにもつながるのです。

さらに、ゆとりができると、さまざまなことに気づきやすくなります。

これは金運だけでなく、全ての運について言えることですが、運というものは「自分には何が足りないのか」「自分が求めているのは何か」ということに気づくことから始まります。

しかし、ゆとりがなくてカツカツの状態だと、何かに「気づく」のは難しいものです。金運を鍛えるということは、「気づきやすい環境」をつくることにつながります。その点でも金運アップ＝トータルな運気アップの第一歩と言えます。

「豊かさに気づく」ことから始めよう

「豊かさ」とは何でしょう？
好きな食べ物や飲み物、一緒にいると楽しいと感じられる人、自分が幸せだと感じる時間。
時間を忘れて没頭できるほど楽しい趣味がある人もいれば、見ているだけで幸せになれる「推し」がいる人もいるでしょう。

「豊かさ」というのは、気づかなければ「ない」のと同じです。そして、自分のもっている豊かさに気づかず、ただ漠然と運を追い求めている人のもとには、決して運はやってきません。

もっと豊かになりたいと思ったら、まずは今自分がもっている豊かさに目を向けて

みましょう。

もし、「豊かじゃない」と感じられるなら、なぜ自分は豊かになれないのか、その原因や理由を考えてみましょう。「豊かではない自分」に気づき、その理由ときちんと向き合わなければ、豊かさを手に入れることはできません。

自分が想像できるお金は自分のもとにやってくる、というのが風水の考え方。逆に言えば、想像できないものはいくら待っていても手に入らないのです。

自分にとっての豊かさとは何か、それを手に入れるためにはどれくらいのお金が必要なのか、そのお金をどう使っていくのか、「そんなの無理」などと思わずに、真剣に考えてみてください。

これからの人生がより豊かで楽しく、思い通りのものになるかどうかは、あなたの「気づき」次第。自分が求めている豊かさと今の自分を一本の道でつなぐ「金運アップルート」を自分の手でつくっていきましょう。

「金運のいい人」になるために

風水では、「人は環境によって生かされている」と考えます。ここでいう「環境」とは、衣食住はもちろんのこと、話す言葉や人間関係、行動、考え方まで、自分を取り巻くすべてのものごとを指します。

たとえ本人が自覚していなくても、運のいい人は運がよくなるような環境に身を置いているからこそ、物事が自分の思い通りに進んだり、うれしい出来事が起こったりするのですし、逆に運の悪い人の身の回りには必ず悪運の原因になるものがひそんでいます。

そうであれば、もっと運気を上げたい、幸せになりたいと思うなら、自分の運気を落としている原因を見つけて取り除き、運気を上げるための風水を実践すればいい、つまり今自分が身を置いている環境を変えていけばいいということになります。

これはどの運についても言えることで、もちろん金運もそう。もしあなたが「私は金運に恵まれていないな」と感じているなら、その原因はあなた自身、もしくはあなたを取り囲む環境の中にあります。

金運は決して「生まれつきのもの」「変えられないもの」ではありません。運を鍛え、金運を生み出す環境に身を置きさえすれば、誰でも「金運のいい人」になれるのです。ぜひ本書を読み、風水の基本となる考え方、「陰陽五行説」（24～27ページ参照）を頭に入れたうえで、環境改善に取り組んでみてください。

なお、「金」の気は無理や我慢が大嫌いなので、苦手なこと、やりたくないと感じることを無理にやる必要はありません。

本書で紹介している風水が１００だとしたら、そのうち50でも70でもいいので、「これならできそう」ということからやってみてください。

あなたが行動し、実践した分だけ、必ず運は返ってきます。きっと、「私、金運がよくなったかも」と思える日がやってくるはずです。

「陰陽」と「五行」のバランスが開運のカギ

風水は、**陰陽五行説**という考え方をベースにして成り立っています。陰陽説とは、すべてのものは「陰」と「陽」どちらかの性質をもち、互いに支え合いながら成り立っているという考え方。

たとえば男性は「陽」であるのに対し、女性は「陰」の性質をもっています。同様に「明るい」「昼」「天」などは「陽」、「暗い」「夜」「地」などは「陰」に属します。

陽と陰は相反する性質ですが、**陽がよくて陰が悪いというわけではなく、どちらも必要な要素**。どちらかが過剰になってしまうと、気のバランスが崩れ、さまざまなトラブルが起こりやすくなります。基本的には、**陽が陰より少し勝っている**（**勝陽劣陰**）**くらいがベストバランス**ですが、そのときの環境や心身のコンディションによって、陽を強めにしたほうがいいときもあれば、逆に陰を強めにしたほうがいいときもあり

五行相関図

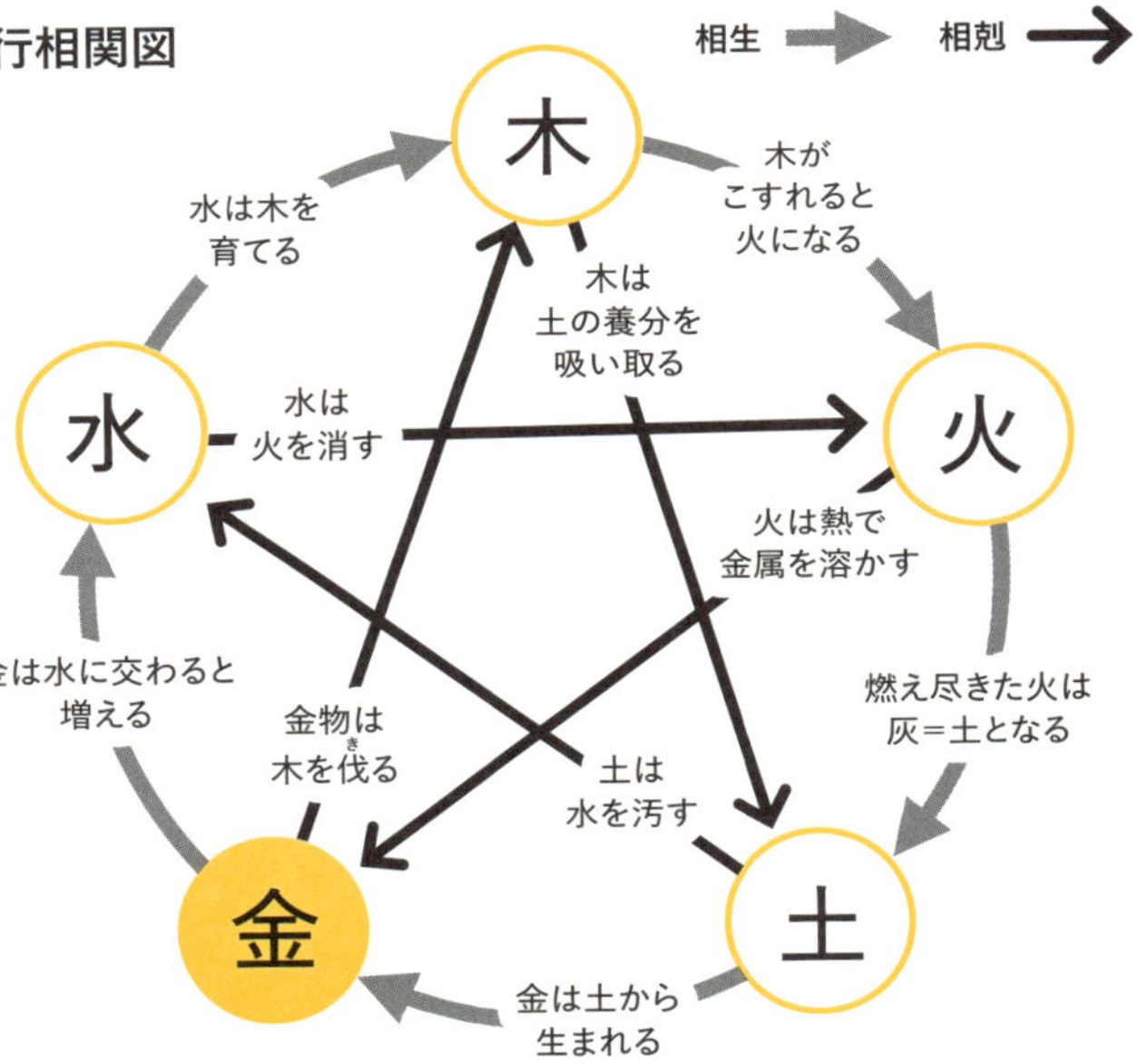

陰陽例

「陽がよくて陰が悪い」ということではなく、
陰と陽の両方をちょうどよい割合であわせもつことが大切です。

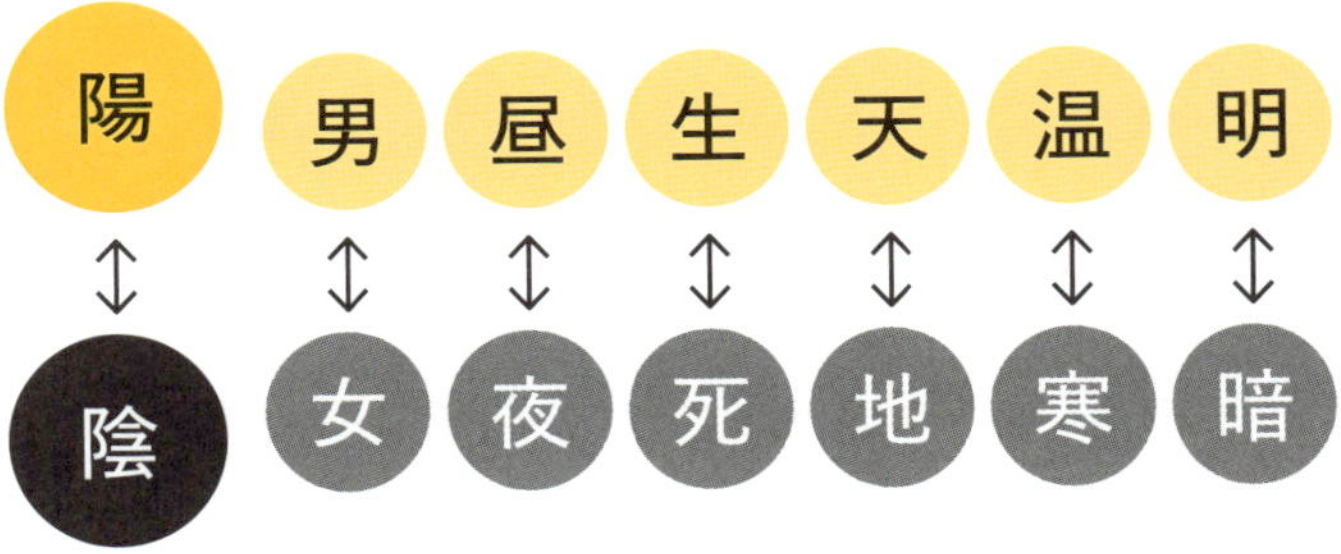

ます。そのときの自分の状態を見極め、自分にとっていちばんいい状態になるようにバランスを整えていくことが大切です。

また、五行説とは、**この世のすべてのものは「木・火・土・金・水」の5つの要素（五行）に分類される**という考え方。たとえば、情報や言葉は「木」、地位やステータスは「火」、甘いデザートや貴金属は「金」に属します。五行はそれぞれ異なる運気をつかさどっており、お互いに生かし合ったり（相生）、対立したり（相剋）する性質があります。

この陰陽と五行の関係が、風水におけるすべての開運行動のベースとなります。風水で運気を上げたいなら、ぜひこのことを頭に入れておいてください。

何も知らずに開運行動を行っても、それは形だけのこと。開運効果を高めたいなら、**その行動は「なぜ」「何のために」行うものなのか、それをきちんと理解したうえで実践する**ことが大切なのです。

五行別・運気と象意《しょうい》

五行	つかさどる運	属するもの
木	▶発展運 ▶仕事運 ▶若さを得る	情報、言葉、音、行動力、向上心、情報ツール、木製のもの、コットン、酸味のもの、発泡性のもの、若さ、トレンド、スポーツ、最新のもの、縦長の形状、眉
火	▶ビューティー運 ▶ステータス運 ▶生命力アップ	美、知識、芸術、直感力、ステータス、カリスマ性、縁切り、美容グッズ、キラキラしたもの、プラスチック、カッティングガラス、辛い味覚、スパイス、目、額中央部
土	▶家庭運 ▶結婚運 ▶健康運	安定、継続、努力、変化、伝統、貯蓄、郷土色のあるもの、陶器、ストレッチ素材、家庭、健康グッズ、植木、歩く、不動産、お茶、四角い形状、頬、額
金	▶金運 ▶充実運 ▶事業運	豊かさ、充実、楽しみごと、飲食、ジュエリー、慶事、刃物、甘い味覚、スイーツ、高級感のあるもの、ロイヤル感、ハイブランド、笑顔、丸い形状、歯、鼻
水	▶愛情運 ▶信頼運 ▶金運	愛情、信頼、秘密、美容、絆を深める、性的な運気、透け感、フェロモン、細胞、優しさ、人からのサポート、睡眠、しょっぱい味覚、月、曲線のもの、ガラス工芸、髪、肌、下唇

第1章

キャッシュレス時代のデジタル金運風水

「デジタル金運風水」は、今までの金運風水と何が違うの?

「デジタル金運風水」とは、これまでの金運風水とは異なる、新しい時代に即した金運風水の考え方です。

これまでは、お金を使うにしても貯めるにしても、ベースにあるのは「現金」。つまり、現物としての「お金」でした。しかし、ここ数年、世界中で急激なキャッシュレス化が進み、現物のお金を介さなくても金銭的なやり取りができるようになりました。たとえ財布の中にお金が入っていなくても、もっと言えば財布自体を持っていなくても、スマホがあればお金のやり取りができてしまう、そんな時代がやってきています。もちろん、今はまだ過渡期ですが、この先、現金を使う場面はますます減っていくことでしょう。

「お金」というものの概念が大きく変わったことで、金運風水の概念も変わってきました。もはや、今までの金運風水の考え方だけでは、新しい時代に対応していくことはできません。そこで生まれたのが、デジタル金運風水です。

いちばんの違いは、「モノ」としての貨幣、紙幣を介さずに、デジタルの「数字」でお金のやり取りを行うようになったこと。これまで私たちは、お金を払ったり受け取ったりするときに、触感や嗅覚などの五感で「感じる」ことで、「使った」「増えた」「減った」などという実感をもつことができました。しかし、デジタル上でのやり取りでは、数字が増えたり減ったりするだけ。出ていったお金も入ってくるお金も、それが「お金」だという感覚をもちづらいのが実情です。

お金というのは、きちんと意識して把握していないと、ふわっとなくなってしまうもの。ですから、キャッシュレスになればなるほど、自分がお金をどれくらい使っているか、財布や口座の中にどれくらいお金があるか、ということを意識しておく必要があります。デジタル上のお金であっても、それをただの数字ではなく「お金」として意識できるかどうか、そのお金を「豊かさをもたらすもの」として扱えるかどうかで、その人の金運は大きく変わってくるのです。

「デジタル金運風水」3つのポイント

デジタルでのお金のやり取りは、目の前でお金が出ていくわけではないので、どうしても現実感のないものになりがち。形はなくても、やり取りしているのは「お金」だと意識し、**出ていく金額、入ってくる金額をしっかり把握することが大切です。**

特に出ていくお金については、ただ目で見て確認するだけでなく、金額を家計簿や手帳に書き留める、履歴のスクリーンショットを保存するなど、「形」のある状態で記録を。自分の目で見る、書くなど、感覚を通して数字を取り込むことで、お金に対する意識が明確になり、自分の中に定着しやすくなります。

また、これまでの金運風水では、「財布」が非常に重要なアイテムでしたが、**デジタル上でしかお金のやり取りをしないのであれば、必ずしも財布は必要ではありません。**

実際に、財布を持ち歩かず、スマホを財布代わりにしている人も増えてきています。そうなると、スマホの扱い方もこれまでとは変わってきます。

スマホは「動」の気をもつアイテムなので、お金のやり取りをすると、金運が消耗しやすくなります。「スマホを財布として扱う」のであれば、**スマホケースに入れて持ち歩く、アプリの配置に気を配る**など、金運を消耗させないための工夫が必要になってきます。

さらに、お金の使い方も重要なポイント。「何となく」「ふわっとした感じで」お金を使ったり、見栄やストレス発散のためにお金を使ったりしていると、今まで以上に金運が消耗しやすくなります。特にキャッシュレス決済で支払うときは、「それが生き金（＝自分にとって有益なお金）かどうか」をよく考えてからお金を使うようにしましょう。

COLUMN

デジタル金運風水のポイント

❶ お金の出し入れ、金額を「形」にして把握する
❷ スマホを「財布」として扱う
❸「生きたお金を使う」ことを意識する

財布とスマホ、あなたのメイン財布はどっち？

従来の金運風水では、お金を入れておくアイテム＝財布でした。しかし、キャッシュレス化が進んだ今では、多くの人が財布の代わりにスマホを使ってお金のやり取りをしています。今や**「お金を入れておくアイテム＝スマホが財布」**なのです。

とはいえ、海外に比べると日本はまだまだ現金社会。もうしばらくは、財布とスマホを併用していくことが予想されます。その場合、**財布とスマホのどちらを自分のメイン財布にするかは、その人の「キャッシュレス度」次第です。**

普段の生活で、クレジットカードやスマホ決済が支払い全体の7割以上を占めているなら、スマホをメイン財布として扱うのが正解。半々くらいの人は、現金を入れる財布がメイン財布、スマホはサブ財布という位置づけになります。

現金5：カード・スマホ決済5なら…

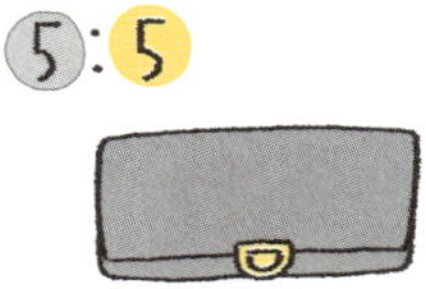

現金を入れる財布をメイン財布、スマホはサブ財布と考えて。メイン財布は長財布がベストですが、身軽に出かけたいときはミニ財布を使ってもOK。

現金3：カード・スマホ決済7なら…

主にキャッシュレス決済でお金のやり取りをしている人は、スマホがメイン財布。現金用の財布は、ミニ財布やスマホショルダーなど、自分の行動スタイルに合うものを選んで。

現金1：カード・スマホ決済9なら…

スマホ＝メイン財布と見なしてきちんと管理を。財布は持ち歩かなくてもかまいません。万が一のために現金を携帯したいなら、少額をカードケースなどに入れて。

スマホ、長財布、ミニ財布……どの財布を選ぶ？

これまでの金運風水では、長財布を使うことをおすすめしてきたのですが、それは、お札を折らずに収納できて、出し入れもしやすいからという理由からでした。しかし、それはあくまでも、現金でのやり取りを想定してのこと。**普段のお金のやり取りで現金をほとんど使わないのであれば、長財布を使うメリットはほとんどない**ので、あえて長財布を持つ必要はありません。

長財布がおすすめなのは、現金のやり取りが多く、特に紙幣の出し入れを頻繁にする人。もちろん、気に入った長財布があるなら使い続けていても問題ありませんが、これから新たに買うのであれば、長財布にこだわらなくてもかまいません。

日常のお金のやり取りではスマホを使うことが多いけれど、コインパーキングや個人商店での買い物で現金を使うことがあるので、財布も持ち歩きたい……そういう場合は、**二つ折りや三つ折りのコンパクトな財布で十分です。**選ぶポイントは、使いやすさと機能性。小銭入れとしての機能がメインなら、小銭が取り出しやすいものがおすすめです。カードをたくさん入れたいなら、カードポケットが充実していて、よく使うカードがパッと取り出せるものを選ぶなど、**自分が望む機能に着目して選ぶのがコツです。**

スマホがあれば買い物も移動も支障がない、現金はほぼ使わずに生活できている、という人なら、「財布は持たない」というのも選択肢のひとつ。スマホのバッテリー切れや現金でしか支払えない場合に備えたい、という場合は、カード入れに折りたたんだ紙幣を入れておくか、小銭入れを持ち歩けば対応できます。

なお、**「念のために入れておく」金額は1万円以内が目安。**それ以上になると、「念のため」の範囲を超えて、従来のように「財布に現金を入れて持ち歩く人」という扱いになってしまいます。そうなると、金運アップのためには、きちんとした財布にもう少し多めの金額を入れて持ち歩く必要があり、「財布を持たない」というスタイルからは外れてしまうので気をつけましょう。

キャッシュレス決済の種類で金運は変わる？　変わらない？

キャッシュレス決済とひと口に言っても、デビッドカード、クレジットカード、交通系カード、ＱＲコード決済など、その内訳はいろいろ。

店によっては、スマホ決済はＯＫでクレジットカードはＮＧなど対応に差があることもあり、ほとんどの人が複数の決済方法をそのときどきで使い分けているのではないでしょうか。

風水的には、**どんな決済方法を使うかで金運が大きく変わることはありません。**ただ、金運はストレスを感じることでダウンしていくので、ＱＲコード決済のようにワンアクションですぐ決済できるもののほうが金運へのダメージは少ないと言えるかもしれません。

とはいえ、**簡単に決済できるということは、お金が出ていきやすいともいえます。**QRコード決済を使うなら、その都度金額と買ったものを記録し、自分が何にどれくらい使ったかをきちんと意識するようにしましょう。それでもつい使いすぎてしまうという人は、クレジットカードと連動させず、チャージ式にしておくことをおすすめします。

また、ある程度の価格以上のもの、たとえばハイブランドの靴やバッグ、財布、ジュエリーなどを購入する場合は、手持ちのなかでもグレードの高いクレジットカードで決済したほうが、そのものから得られる豊かさが大きくなります。

日用品や普段使いのものを買うときはコード決済、「これぞ」というものを買うときはグレードの高いクレジットカードを使う、というように、自分の中で使い分けルールを決めておくのもおすすめです。

なお、**スマホに入れておく決済アプリは、多くても4つまで。**アプリの数が多すぎると金運が下がってしまいます。ポイントバック率の高さ、使いやすさなど、自分にとってのメリットが大きいものを選んで使いましょう。特にポイントがたまりやすいアプリは、金運を補充してくれるので、積極的に使って。

「増やす口座」と「引き落とし用の口座」は別にする

クレジットカードやスマホ決済の月々の支払い、オートチャージ式のカードの支払いなどが引き落とされる口座は、給料などが入金される口座とは別にしたほうがいいでしょう。

お給料やアルバイト代が振り込まれる口座は、基本的に「お金が増えていく」口座です。その口座をクレジットカードや決済サービスと紐付けてしまうと、せっかくの「増える口座」から、お金がしょっちゅう出ていく流れを作ることになります。

また、定期的に入金がある口座にクレジットカードや決済サービスを紐付けておくと、残高不足などの心配をしなくて済むという利点もあるのですが、その分「出ていくお金」に無頓着になりがち。

特にクレジットカードやスマホ決済の金額が大きく、毎月の支出の大半を占めるような人は、**口座を分けておかないと、「出ていく気」ばかりが増幅してしまうことになります。**

口座を分けると残高不足が心配かもしれませんが、決まった日に「今月引き落とされる予定の金額」を入れておくようにすればいいだけのこと。そのタイミングで「出ていくお金」を意識することが、金運アップにつながります。

もし、その都度入金するのが面倒だったり、うっかり入金を忘れてしまいそうで心配だったりする場合は、**月初めなど決まった日にある程度多めの金額を入れておき、**定期的に残高を確認する、というやり方でもかまいません。

どうしてもひとつの口座でやりくりしたいという人は、**給料が入金された**（＝**お金が増えている**）**タイミングで残高の確認**をするなどして、「増えていく気」を積み上げていきましょう。

また、**毎月の引き落とし金額をチェックして書き留める、支払いの履歴を保存しておく**など、「出ていくお金」をきちんと把握しておくことも大切です。

月に一度は通帳記帳&明細確認を!

現金をあまり使わなくなると、自分がいくらお金を持っているのかがあやふやになり、「あると思っていたのに、実際にはない」ということも。

日常生活でキャッシュレス度が高い人ほど、自分の持っているお金をしっかり把握しておかなくてはなりません。

現金を持ち歩かない人にとっては、銀行口座が自分の財布のようなもの。口座にあるお金が「手持ちのお金」だという意識をもち、定期的に財布の中身をチェックするようなつもりで通帳や家計簿に残高を記入し、確認するようにしましょう。

チェックするタイミングは、給料日のあとなど、お金が増えたときがおすすめ。「増えている」感覚を積み上げることで、豊かさも積み上がっていきます。

逆に、**「いつもお金が減っている」口座ばかり見ていると、「お金が出ていく」気が積み上がってしまうので要注意。**その意味でも、財布代わりに使っている口座は、クレジットカードやスマホ決済とは紐付けず、「増えていく」だけにしておくことをおすすめします。

なお、ネット銀行の場合は店舗も通帳もないのが普通。メガバンクや都市銀行も最近は通帳を発行しない「通帳レス口座」が主流になってきています。

通帳がない場合は、記帳の代わりに月に一度はネット上で明細と残高をチェックし、できれば履歴をプリントアウトして保存しておきましょう。

目で見るだけでなく、プリントアウトして「形」に残したほうが、意識に残りやすくなります。

プリントアウトするのが難しい場合は、データをダウンロードし、きちんと見直したうえで、専用のファイルに保存しておきましょう。

運気が上がるパスワードのつくり方

ネット上でのサービスを利用するときに、必ずといっていいほど作成を求められるのがパスワード。

パスワードは、他人から推測されにくいものでなくてはなりませんが、かといって、**スマホが自動生成してくれるような、全く意味のない文字や数字の羅列をそのままパスワードにすることは、おすすめできません。**

風水的なパスワード作成のポイントは２つ。

①自分にとっては何らかの意味をもつ単語や数字を組み合わせてつくる

②イニシャルやニックネーム、誕生日など、自分と紐付けられるような情報は入れない。

①はどんな言葉でもいいのですが、おすすめは、**好きな言葉や花の名前、ジュエリーの名前、ほしい運に関連した言葉**など。金運アップという意味では、**月や水などに関連した言葉**も、金運を増やしてくれる効果があります。

なお、どんなに好きでも、**推しの名前やアニメキャラクターの名前など、人名、固有名詞は入れないようにしましょう。**

また、自分のこれまでの人生で縁のあった数字（なぜかいつも電話番号に入っているなど）を入れるのもおすすめです。そういった数字は「数霊」といい、あなたを守ってくれる働きがあります。

COLUMN

パスワードに入れると金運がアップする言葉

- **好きな言葉**
  smile、dream、sweet、yummyなど
- **好きな花や果物の名前**
  rose、lily、peachなど
- **スイーツやジュエリーの名前**
  pearl、diamond、caramel、parfaitなど
- **お金やほしい運に関する言葉**
  gold、love、luckyなど
- **月や水に関連する言葉**
  moon、luna、aqua、lakeなど
- **自分に縁のある数字（数霊）**
  これまでの人生で縁のあった数字、自分について回る数字、ラッキーナンバー

ＬＩＮＥのアイコン画像は、自分ベース＋ほしい運気を加味して！

スマホで誰かに連絡を取りたいときに使うツールといえば、ＬＩＮＥ。文字でのやりとりだけでなく、通話やデータ共有もできる便利なアプリですが、**実は人間関係や縁に大きな影響を及ぼすツールです。**

最も重要なのは、アイコン画像。「適当なものでいいや」と、カメラロールの中から見つけた画像をそのまま使っている人も多いかもしれませんが、**アイコンは自分を表すもの。**どんなイメージの画像にするかで、そこからつながる人間関係も変わってきます。自分のほしい運気も加味しつつ、「自分らしさ」の感じられる画像を選びましょう。

おすすめは、**あなた自身の姿をベースにしたもの。表情がにこやかで楽しそうなもの、背景も「幸せそう」「楽しそう」「見るからに豊かそう」なものがおすすめです。**

スイーツと一緒に撮影したもの、クッションやぬいぐるみなど、ふわふわしたもの、丸いものと一緒に写っている写真も金運につながります。背景カラーをイエロー系にするのも効果的。実画像ではなく、似顔絵やアバターでももちろんかまいませんし、顔や自分のイメージを見せたくないという人は、ひまわりやジュエリー、スイーツなど、金運アップ効果のあるモチーフやアイテムをアイコンとして使ってもOKです。

なお、好きなアーティストや俳優などの「推し」をアイコン画像にしている人がいますが、これはNG。

どんなに推しのことが好きでも、自分と推しは別の人間です。推しの画像を愛でるのはかまいませんが、アイコンにするのはやめておきましょう。

COLUMN

keepメモで金運アップ

LINEには、自分専用のトークルームにテキストを送信して保存しておける「keepメモ」という機能があります。ここに自分がほしい金額、かなえたい希望、願いなどを書いて送っておきましょう。これをときどき見ることで、望む金運が手に入りやすくなります。

「課金額に見合っているか」サブスクは定期的にチェック!

アプリや動画配信、家具や服のレンタルサービス、花や食品の定期購入など、サブスクリプションタイプのサービスが増えています。

クレジットカードや銀行口座と紐付けることで都度入金の手間がかからず、継続的にサービスが受けられる、とても便利なシステムですが、**利用頻度によっては割高になってしまうこともあります。**

また、「最初の月は無料」などという呼び文句につられてつい契約してしまい、解約を忘れて結局課金する羽目に……というのも、よくあるケースです。

サブスク代は楽しみのためのお金なので、むやみに削る必要はありません。ただし、**自分がどのサービスにいくら払っているのかは、きちんと把握しておいて。**そのうえで、定期的に見直しを。

もし、「全然利用していないのにお金だけ払っている」サービスがあれば、早めに解約を。また、利用頻度や内容に対して払う金額が高すぎると感じたら、プランの変更やほかのサービスへの乗り換えを検討しましょう。

COLUMN

「使った金額を記録する」習慣を

サブスクの支払いも含めて、キャッシュレス決済を利用したら、必ず使った金額を記録する習慣をつけましょう。使ったときに家計簿アプリやメモアプリなどに記録したり、アプリからの支払い通知が来たらそのタイミングで記録してもOK。月末や月初など、決まったタイミングで記録を見直し、自分がどれくらい使ったのか把握しておくと、無駄なお金が出ていくのを防げます。

第2章

たったこれだけ！金運を上げるスマホのルール

アプリの管理とケース選びで金運が変わる!

お金は、「動」の気が強いとどんどん出ていってしまいます。

ところが、スマホはそれ自体が「動」のアイテム。ですから、スマホでお金を扱うのであれば、「動」の気をできるだけ抑え、同時に「金」の気を増やしていく必要があります。

特に重要なのが、アプリの配置と管理。

たとえば、**お金に関するアプリは基本的に画面の右上に配置するのが基本ルールです。** ただし、同じお金に関するアプリでも、「銀行系」のアプリ、「決済系」のアプリ、「ショッピング系」のアプリでは、それぞれのもつ性質が異なります。ですから、これらは別々のフォルダに入れて管理しなくてはなりません。

また、「動」の気をもつアプリ（音楽配信、動画視聴、メール、カメラ、乗り換えナビなど）と、**決済系や銀行系など「お金」に関するアプリを隣り合わせに置かない**など、それぞれのアプリがもつ気を考慮しながら配置する必要があります。

使っていないアプリがたくさん入っているのも運気ダウンのもと。

スマホに入っているアプリは定期的にチェックして、使わないものは削除しましょう。特に決済系のアプリが多すぎると、金運が消耗しやすくなります。決済アプリはよく使うもの、特典の多いものを厳選し、多くとも4つまでにしましょう。

さらに、**ケース選びも重要なポイント。**

スマホを通信機器としてのみ使う場合と、そこに財布としての機能ももたせる場合とでは、ケースのもつ意味合いも大きく変わってきます。スマホのもつ「動」の気を上手に抑えてくれるような色、素材のケースを選ぶことで金運アップにつなげていきましょう。

今すぐ実践！金運が上がるアプリの配置

ルール1

お金に関するアプリはフォルダに入れて配置する

お金に関するアプリは現金と同じと考えてください。現金を裸のまま持ち歩く人はいませんよね。それと同じように、お金に関するアプリも裸のまま（アプリ単体で）配置するのはNG。必ずフォルダに入れて配置しましょう。

ルール2

「決済系アプリ」「銀行系アプリ」「ショッピングアプリ」はそれぞれ別のフォルダに入れる

「〇〇ペイ」などの「決済系アプリ」は、お金を「使う」ためのもの、「銀行系アプリ」は、お金を「貯めたり増やしたりする」ためのもの、そして「ショッピングアプリ」は、お金を「使って循環させる」ためのものと、それぞれ働きが違います。必ず

「同じ働きをするもの」同士でまとめてフォルダに入れるようにしましょう。

ルール3　「決済系アプリ」「銀行系アプリ」は画面の右上に配置する

お金関連のアプリのうち、「決済系アプリ」と「銀行系アプリ」は、蓄財に関わるもの。これらは画面右上に配置します。スマホの画面に方位の気をあてはめて考えると、右上は「北東」にあたります。北東は「土」の方位。スマホのもつ「動」の気を抑えつつ貯蓄をサポートする働きがあるので、お金のアプリはこの位置がベストです。

ルール4　銀行系のアプリは2ページ目以降に配置する

銀行系のアプリは、あなたの手持ちのお金そのもの。人に見られると「金」の気が消耗するので、フォルダに入れ、2ページ目以降の画面右上に配置しましょう。

ルール5　お金に関するアプリと「動」の気をもつアプリは隣りに置かない

たとえば音楽や動画の配信アプリ、メール、カメラ、交通系（乗り換えナビ、タクシー配車、交通系のICカードアプリなど）、翻訳や語学学習に関するアプリは、「動」の気をもっているため、「金」の気を消耗させてしまいます。これらはお金に関するアプリと隣り合わせに置くのは避け、画面右側の中央付近に配置しましょう。

図解つきで丸わかり！アプリの配置ルール

スマホに入れるアプリは、それぞれの働きによって異なる性質をもちます。たとえば、**銀行系のアプリは「蓄財」の気、交通系のICカードアプリは「動」の気、ブラウザやSNSは「風」の気、**というような具合です。

そして、これらの気は方位のもつ気と連動しています。それぞれのアプリがもつ気を知り、その気に合う方位にアプリを配置する、これがスマホから運を最大に引き出す秘訣です。

スマホのホーム画面に方位の気をあてはめると、画面の上が北、下が南、右が東、左が西になります。これをもとにして、アプリの配置を決めていきましょう。次のページで紹介しているのが、配置の基本となるエリア図です。

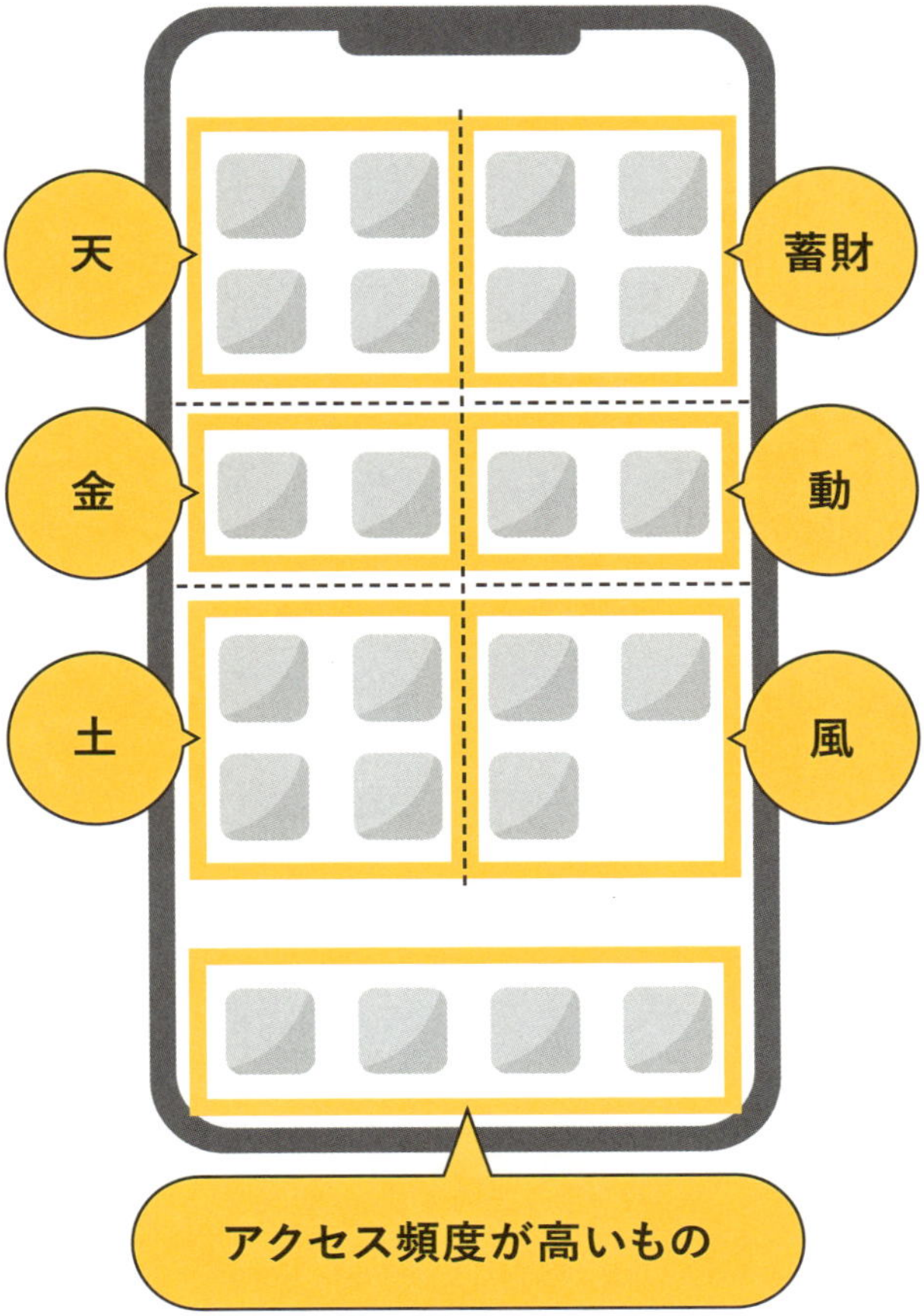
天
蓄財
金
動
土
風
アクセス頻度が高いもの

このアプリはどこに置く？

ひと目でわかるアプリ分類表

蓄財

お金や財産を貯める働きのあるもの

・銀行 ・キャッシュレス決済
・クレジットカード ・パスワード管理 など

動

行動、旅行、運動、時間、音楽、動画などに関するもの

・カメラ ・音楽 ・動画 ・時計 ・ゲーム
・電子書籍リーダー ・タクシー配車
・デリバリーサービス ・乗り換えナビ
・交通系ＩＣカード ・歩数計 ・旅行 など

風

コミュニケーション、情報、言語、買い物に関するもの

・ブラウザ ・SNS ・ミーティング・会議
・通話・チャット ・メール・メッセージ
・ショッピング ・語学 ・翻訳 ・アルバム
・アドレス帳 など

天

カレンダー、スケジュール、自分自身に関わるもの

・カレンダー ・スケジュール管理 ・日記
・メモ ・天気予報 など

金

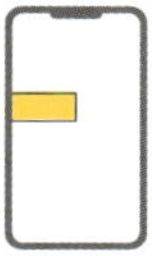

お金を増やす働きのあるもの、加算されるもの

・家計簿・資産管理 ・ポイント管理 など

土

日常、ベースに関わるもの

・地図 ・コンパス ・健康管理 ・家電操作
・各種設定 など

アクセス頻度が高いもの

全てのアプリのなかで、日常的に使用頻度が高いもの

実際にアプリを配置してみよう

ホーム画面1ページ目

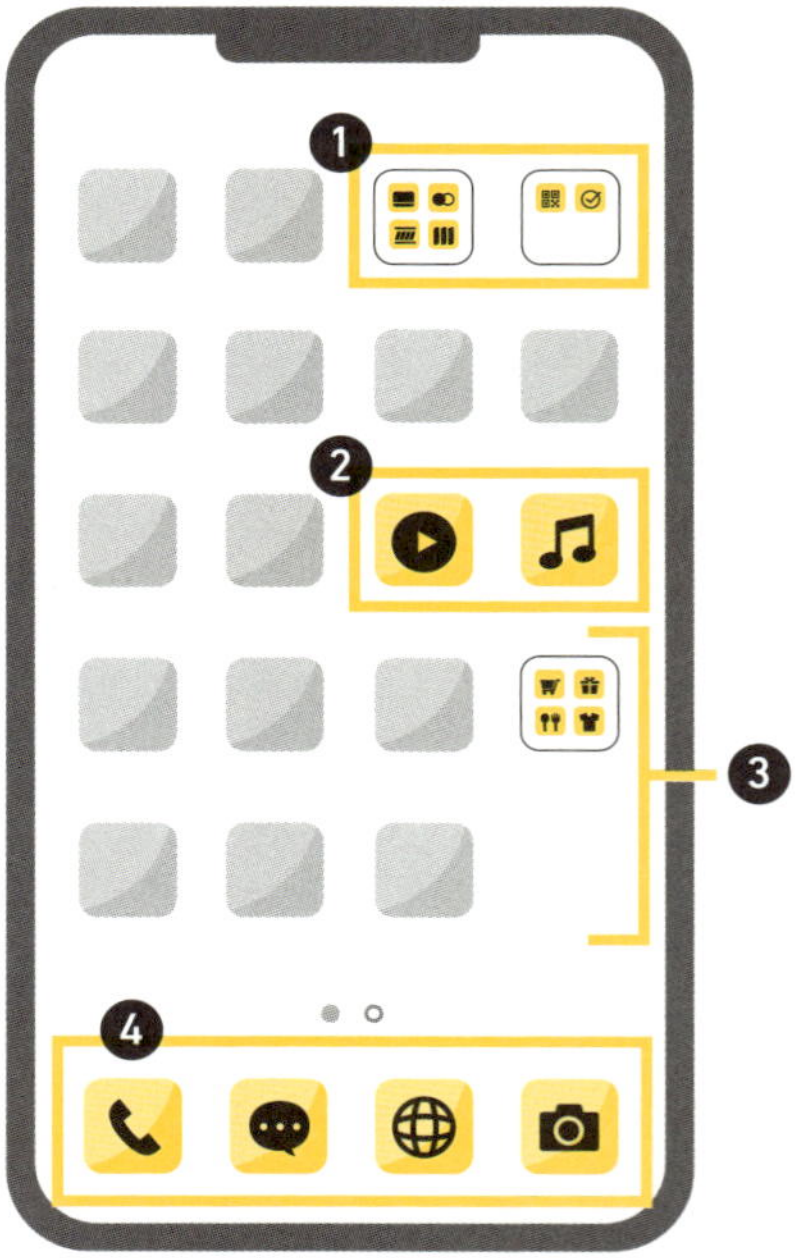

❶「キャッシュレス決済系」「クレジットカード系」はそれぞれ別のフォルダにまとめ、キャッシュレス決済をいちばん右、その隣にクレジットカード系を配置して。銀行系のアプリは2ページ目（左ページ参照）に。

❷「動」のアプリはお金関連のアプリと隣り合わせにせず、必ず下に。使用頻度の高いものを1ページ目に置き、残りは2ページ目に。

❸ ショッピング系のアプリはフォルダにまとめてこのエリアに。フォルダ内での配置は使う頻度の高いものから順に並べて。

❹ ブラウザ、電話、LINEなど、日常的に使うアプリはここに。

ホーム画面2ページ目

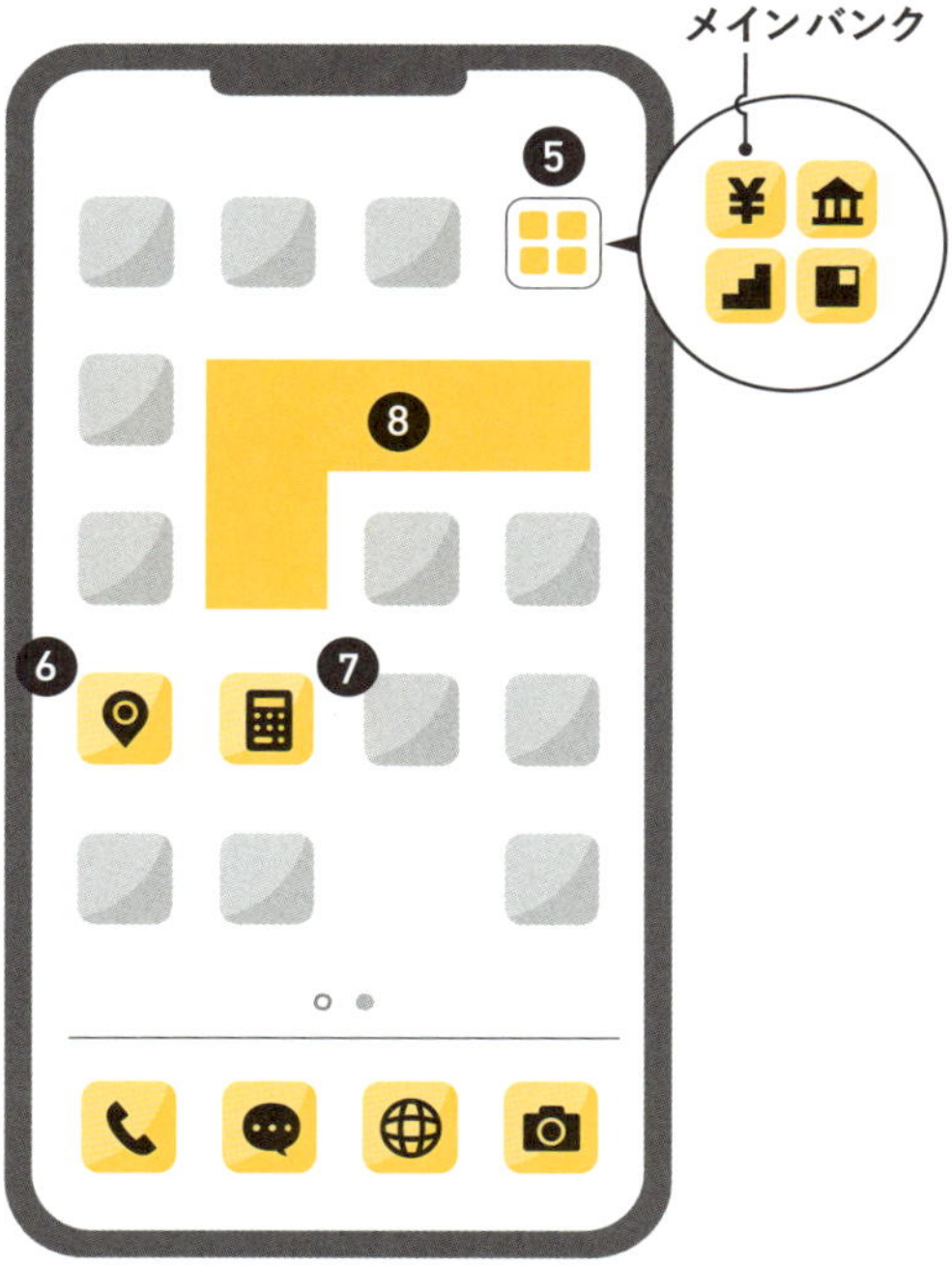

❺ 銀行系のアプリはフォルダにまとめてこのエリアに配置。フォルダ内の配置はメインバンクを先頭に使用頻度順に並べて。

❻ GPS（位置情報）アプリは、持ち物の管理など日常的な用途なら「土」のエリア、秘密にしたいものなら「風」のエリアに（1ページ目でもOK）。

❼ 電卓は日常的に使うなら「土」、そうでないなら「動」のエリアに（1ページ目でもOK）。

❽ それぞれのアプリが正しい位置に配置されていれば、すき間が空いてもかまいません。

スマホケースの選び方

スマホを財布代わりに使っている人にとって、スマホケースは非常に重要な意味をもちます。**財布選びと同じ感覚で色や素材に気を配って選びましょう。**

まず、見た目がチープなものは避けて。ビニールやプラスチックより、レザーなど、ある程度しっかりした質感のものがおすすめです。

よくある透明なプラスチック製のケースは、外からスマホ＝財布が丸見えになってしまい、人の目線や悪い気にさらされやすくなります。ケースはスマホの中のお金を守るためのものなので、中身が見えないようなつくりで、ある程度高級感のある素材のものを選んでください。

形は、財布として使うのであれば、**全面をしっかり覆ってくれる手帳型がベスト。**

できればカードなどを数枚一緒に入れられるようなつくりのものがおすすめです。

ただし、あまりいろいろなものを詰め込んで重たくなると、スマホのもつ「動」の気と「金」の気が両方とも失われてしまうので、ケースに入れておくものは厳選しましょう。

色の選び方は、財布に準じます。**おすすめはベージュ、白（オフホワイトも含む）、ネイビー、ブルーグリーン、淡いイエロー、ピンクなど。**

スマホは「動」の気をもつアイテムなので、財布にはあまりおすすめしていないシルバーやゴールドなどもＯＫです。

避けたほうがいいのは、赤や青。これらはスマホのもつ「動」の気を活性化させてくれるので、本来、スマホケースに使うのにいい色なのですが、財布として使う場合は不向きです。

ちなみに、スマホ本体の色については、さほど気にする必要はありませんが、「火」の気が強い赤系だけはできれば避けて。

もし今使っているスマホの本体カラーが赤なら、アイボリーもしくはブラウンのカバーをつけて、「火」の気を抑えましょう。

使い始めや機種変更後は初期設定を

従来の金運風水では、新しい財布を使い始めるときには必ず初期設定（左ページのコラム参照）をするのが基本ルールでした。

スマホを財布代わりに使っている人は、これに加えてスマホの初期設定もぜひ行ってください。この初期設定は、スマホにいいお金の流れを覚えさせるためのもので、スマホ自体の初期設定や前機種からのデータ引き継ぎなどが終わったあとに行います。

財布の場合は、使い始めに普段より少し多めにお金を入れておき、最初の９日間は大きな金額を使わないように心がけますが、スマホの初期設定もこれに準じます。

チャージ式の決済アプリなどを入れている場合は、いつもより少し多めの金額をチャージしておきましょう。キャッシュレス決済での買い物は、スマホから現金がそのまま出ていくわけではないので、支出についてはそこまで神経質にならなくてもかまいません。ただし、最初の9日間は、いつも以上に「生き金を使う」ことを意識し、つまらないものにお金を使わないように気をつけましょう。

また、**初期設定の期間中はスマホに菌がつくと金運が落ちる**ので、1日に2回は画面をウェットティッシュでふくなどして、除菌しましょう。初期設定が完了したあとは、1日1回除菌していれば大丈夫です。

COLUMN

財布とスマホの初期設定

財布の初期設定

- 初期設定期間は、お金を入れて使い始めた日から9日間（短縮したい場合は7日間でもOK）
- 通常入れておく金額の2倍程度を入れておき、大きな買い物は控える（もしくはカード払いかキャッシュレス決済にする）
- 財布をきちんと稼働させるため、少額の買い物の場合は財布からお金を出す。

スマホの初期設定

- 初期設定期間は財布に準ずる
- チャージ式の決済アプリを入れている場合、通常より多め（目安は2倍程度）の金額を入れておく
- 初期設定期間中はつまらないものにお金を使わないようにする
- 1日2回は画面の除菌をする

金運の消耗を防ぐためのスマホケア

スマホは「動」の気をもつアイテムなので、スマホを通してお金を扱うと、金運はどうしても消耗しやすくなります。

それを防ぐためには、**こまめに除菌したり、バッテリー切れにならないように早めに充電しておいたりと、さまざまな配慮が必要です。**

特に画面や本体の汚れは金毒を呼び込む原因になるので、1日に1回は画面と本体をウェットティッシュなどでふくようにしましょう。画面や本体に雑菌がついた状態で26～27時間くらい経つと、そこから金毒が繁殖し始めるので、朝出かける前や夜寝るときなど、決まったタイミングで除菌する習慣をつけることをおすすめします。

画面のひび割れや保護フィルターの破損なども放置せず、早めに修理を。**ひび割れ**

た画面を見続けていると、運もひび割れていってしまいます。

また、自分が眠るときはスマホも眠る（休む）ので、その間にスマホを置いておく場所にも気を配りましょう。テレビや窓のそばなど、「火」の気が強い場所には置かず、寝室に持ち込む場合は、ベッドからできるだけ遠ざけて。

さらに、**ずっと使い続けているとスマホのもつ「金」の気の消耗も激しくなります。**1日30分でもいいので、意識的に「さわらない、気にしない」時間をつくってスマホを休ませましょう。それだけでお金の流れがよくなります。

COLUMN

この習慣づけで金運が変わる!

毎日のスマホケアルーティン

・1日に1回は画面をふいて除菌を
・画面のひび割れや破損を放置しない
・こまめに充電し、できるだけ「満たされている」状態に
・寝るときはテレビや電化製品、窓、キッチンから遠ざけ、寝室に置く場合はできるだけベッドから遠い場所に置く
・睡眠中以外に、1日に30分はスマホを手元から離して休眠させる

Q

決済アプリは会員登録が面倒そう。使うべきですか?

A

決済アプリを使うと、小銭を持ち歩かなくて済む、会計がスピーディーでストレスがなくなるなど、金運にとっていいことがたくさんあります。

もちろん、面倒だと感じるなら、今すぐ使わなくてもかまいませんが、時代の流れとしていつかは使うことになるでしょう。

それを考えると、「お試し」のつもりで、とりあえず一度使ってみるのもいいのではないでしょうか。

決済アプリはいろいろな種類があるので、自分にとって使いやすく、お金を払うときにストレスを感じにくいものを選ぶのがコツ。

ポイント還元率が高い、普段使っているポイントと連携できるなど、自分にとってメリットが多いものを選ぶのもひとつの方法です。

まずは実際に使ってみて、よければ取り入れるくらいの気持ちでチャレンジを。

第3章

今日から実践！金運体質をつくる20の習慣

第3章

01

「なんとなく」では、お金を使わない

お金は「なんとなく使う」と「なんとなく減る」ものです。本当にほしいものを買うことにお金を使っているぶんにはいいのですが、「せっかくここまで来たんだから何か買いたい」「2個買うとお得になるから」「店員さんのおすすめを断るのは申し訳ないから」といった理由で、**さほどほしくもないものにお金を使うのはやめましょう。**

「2個買うとお得」で本当にお得になるのは、ほしいものが2個あるときだけ。「お得感」につられて、いらないものを買ってしまわないようにしましょう。

店員さんのおすすめトークにのせられそうになったときは、「ちょっとお茶して考えてきますね」などと断り、いったん店を出ましょう。最初からほしかったものならともかく、その気がなかったものを「ほしいかも！」という衝動だけで買ってしまうと、衝動のもつ強い「動」の気がお金の出ていきやすい環境をつくってしまいます。

また、「せっかくここまで来たんだから、何か買いたい」と思ったら、付き合ってくれた友人にコーヒーをおごるなど、**ほかの人のためにお金を使って。**それによって「ありがとう」「うれしい」と感謝してもらえたなら心も満たされますし、あとから運も戻ってきて一石二鳥です。

02

口ぐせは、「お金大好き」「お金があると幸せ」

お金は、自分のことを好きになってくれる人のところに寄ってくる性質があるので、日頃から、

「お金があると幸せ」

「私のところにお金がたくさん来るといいな〜」

「お金がたくさんあると豊かだよね」

など、**「お金が好き！」「お金ウェルカム！」な気持ちを積極的に口に出していきましょう。**逆に、

「お金なんてどうでもいい」

「○○があればお金はいらない」

というように、お金を蔑んだり軽んじたりするような物言いは、たとえ冗談であってても控えましょう。お金はとてもデリケートなので、そういう言葉を聞くと、

「この人は私のことが嫌いなんだ」と思い、遠ざかってしまいます。

また、**お金はいつもくるくると軽やかに回っていたいので、執着されたり束縛されたりすることを嫌います。**

ですから、

「このお金は絶対に手放さない」

「お金がなくなったら生きていけない」

などと、お金にしがみつくような考え方や発言もNG。お金に対しては、「大好き」という気持ちをつねに抱きつつも、**こちらからはむやみに追いかけない、執着しない、というのがお金に好かれる最大の秘訣です。**

03

おいしいものをおいしく食べる

風水では、「食べる」という行為は「金」の気をもつとされています。何かを食べるということは、それ自体が豊かさを生み出す開運行動なのです。

ただし、とにかく食べさえすればいいというわけではありません。**大切なのは、「おいしいもの」を「おいしく食べる」こと。**味だけでなく、器やテーブルセッティング、誰とどんな会話をしながら食べるか……それらすべてが、「おいしく食べる」ことにつながっていきます。

くれぐれも勘違いしないでほしいのですが、お金をかけた豪勢な食事＝豊かな食事ではありません。**安い材料、シンプルな調理法でもおいしいものはつくれます。**何よりどんな料理も「おいしく食べる」ことができなければ、何の意味もないのです。

外食や市販のお惣菜もぜひ活用してください。ただし、買ってきたお惣菜を食卓に出すときは、パックごと出さずにきちんと器に盛り直し、割り箸ではなく普段使っている箸やカトラリーで食べましょう。それだけで、食から得られる運気は大きく違ってきます。

ちなみに、最もよくないのは、食をないがしろにすること。**「お腹がふくれればいい」「安ければ何でもいい」などと言う人は金運には恵まれませんから、くれぐれも気をつけてください。**

04

甘いものは「ここぞ」というとき、幸せを感じながら食べる

ケーキやチョコレート、パフェ、甘い果物など、甘みのあるものはすべて「金」の気をもつ食材。疲れているときに甘いものを食べると、「充実した！」という気持ちになりますよね。**この充実感がお金や豊かさを生み出してくれるのです。**

ただし、ただパクパク甘いものを食べていればお金が増えるというわけではありません。たとえば、いつでも手の届くところにクッキーの缶が置いてあって、しょっちゅう手を突っ込んで食べているとか、特に甘いものを欲しているわけではないのに、なんとなく口寂しくてチョコレートをつまんでしまう、というように、「なんとなく食べる」「習慣で食べる」のはNG。そういう食べ方で甘いものを取り込んでも、運にはならず、ただカロリーだけを吸収することになってしまいます。

甘いものは、それを食べることで自分が「充実した」と思えるようなシチュエーションで摂取するようにしましょう。**ほんの少量でも、深い満足感を得られれば、それが運を生み出すもとになります。**

「甘いものは太るから食べない」と言う人もいますが、「ここぞ」というときにしか食べない、と決めておけば、食べる量は自然に減るはずです。

05

食材は使いきれる量だけ買う

安いからと食材をまとめ買いし、使いきれずに腐らせてしまったり、賞味期限を大幅に過ぎたものを捨てたりしていませんか？

食材は「金」の気をもつアイテムなので、食材を捨てるのは、お金を捨てるのと同じこと。そんなことをする人のもとにお金が集まってくるわけがありません。

大量に買えば安くなるという売り文句は魅力的かもしれませんが、それはあくまでも全部食べきれた場合の話。結局食べられずに残ったぶんを捨てることになるなら、決してお得とは言えません。そのことを肝に銘じ、食材は賞味期限内に使いきれるぶんだけ買うようにしましょう。そもそも、日頃の食材管理がきちんとできていないと、すでに家にあるものを買ってしまうなど、無駄な買い物が発生しやすくなります。食品の在庫状況はこまめにチェックを。必要以上にストックを増やさないことも大切です。

また、冷蔵庫や冷凍庫に、「これはいつ買ったの？」というようなものが入っていることはありませんか？　これもお金を貯まりづらくする原因のひとつ。冷蔵庫や冷凍庫の中身はときどき点検し、**使わない調味料や賞味期限が切れた食品などはいつまでも入れておかないようにしましょう。**

06

身の丈に合わない買い物はしない

ハイブランドのバッグや靴、ジュエリーなど、「自分が今持っているお金では買えない素敵なもの」ってありますよね。そんな高級品がほしくなってしまったら、あなたはどうしますか？

絶対にしてはいけないのは、「ボーナスを全部つぎ込めば買える」「ローンを組めば買える」などと、「今、手元にないお金をあてにして買ってしまう」こと。豊かさ（＝「金」の気）というものは、しっかりした土壌（＝「土」の気）があって初めて成り立つものです。**今あるお金で買えないのであれば、あなたの中にはその高級品を支えるだけの地盤がないということ。**地盤のないところに巨大なお城を建てても、豊かな気持ちになるのはほんの一瞬だけ。支えがなければお城はすぐに崩れ去ってしまうでしょう。

高価なものを買うことが絶対ＮＧというわけではありません。ただ、**無理をして自分の身の丈に合わないものを買った場合、モノは手に入ったとしても、金運は著しく消耗してしまいます。**

どうしてもほしいけれど、手持ちのお金では足りないなら、「今、無理をして買う」のではなく、「お金を貯めて、そのお金で買う」ことを考えましょう。その金額を現金で一括払いできる、それだけのお金を貯められたら、そのときは胸を張って購入してＯＫです。

07

部屋に花を飾る

部屋に花を飾る習慣がある人とそうでない人とでは、金運は大きく違ってきます。といっても、花そのものがダイレクトに金運を運んでくるわけではありません。

花は、風水では「補充」の運気をもつアイテムとされています。「補充」のアイテムとは、**「なくても生活できるけれど、あったら心が豊かになる」、いわば「+α」のもの。**たとえばクッションがなくても生活することはできますが、ソファや椅子にクッションを置くだけで気持ちはグンと豊かになりますよね。コーヒーカップやお茶、アクセサリー、雑貨などもそう。自分が暮らしている空間にそういった「+α」のアイテムを取り入れる意識や習慣をもつことが、お金をつねに生み出す環境づくりにつながるのです。花を飾るという行動は、その最たるものと考えてください。

一度にたくさんの花を飾る必要はありません。季節の花を1輪、1週間に一度飾るだけでも十分。それくらいなら、カフェでコーヒーを飲むのと同じ感覚で気軽に買えるはず。夏以外の季節なら、こまめに水替えをして世話をすれば1週間近くもちます。

最初の1輪は玄関に飾ると、旺気《おうき》が入ってきやすくなります。寝室のベッドサイドに飾るのもおすすめです。

08

スキンケアやヘアケアにお金をかける

髪や肌は「水」の気をもつパーツ。風水では「金」の気は「水」で増えると言われているため、**つやのある髪、みずみずしい肌を保っている人は、それだけでお金が増えやすくなります。**ですから、日頃から肌と髪のお手入れには手を抜かないようにしましょう。

　特に、髪や肌の潤いがなくなってくる中年以降は、お金を生み出し、増やす力も弱まってしまうので、高いコスメを買う回数を少し減らし、そのぶんをスキンケアやヘアケアに回すくらいの気持ちで、これまで以上に手厚くケアしていきましょう。かさつきがちな唇や目元のパーツケアも忘れずに。年を重ねれば重ねるほど、スキンケアやヘアケアへの投資価値は上がっていくと思ってください。

　金運を燃やしてしまう紫外線から肌や髪を守ることも重要です。外出時は季節を問わず日焼け止めを塗り、帰宅後はしっかり保湿して潤いを保ちましょう。

　また、スキンケアアイテムは年齢に合わせて見直しを。同じ製品を使い続けている人も多いと思いますが、若いころと同じものでは必要な成分が足りていないことも。同じラインでも高保湿タイプのもの、ワンランク上のものを試すなど、**「今の自分に合うもの」にアップデートしていきましょう。**

09

歯のクリーニングを定期的にする

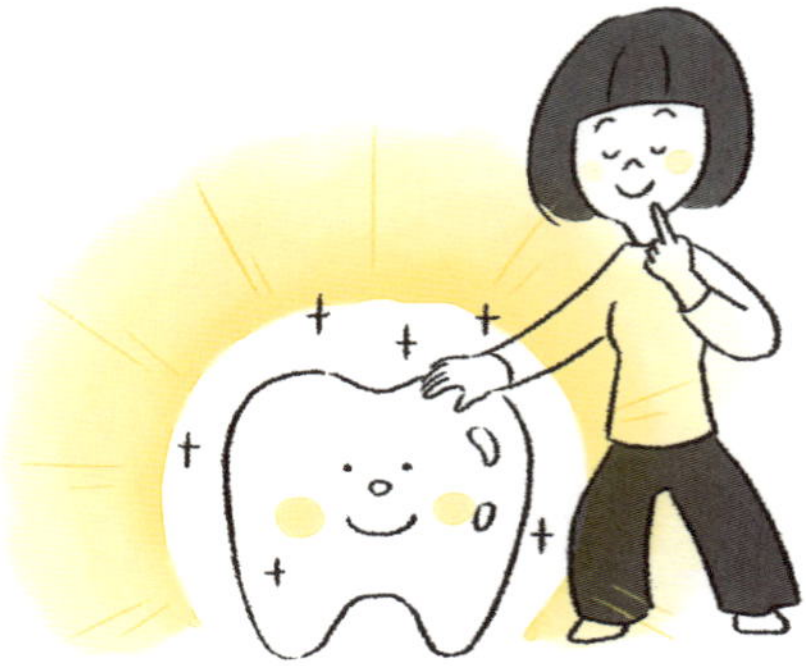

郵便はがき

料金受取人払郵便

渋谷局承認

2196

差出有効期間
2026年12月
31日まで
※切手を貼らずに
お出しください

150-8790

130

〈受取人〉
東京都渋谷区
神宮前 6-12-17
株式会社ダイヤモンド社
「愛読者クラブ」行

本書をご購入くださり、誠にありがとうございます。
今後の企画の参考とさせていただきますので、表裏面の項目について選択・ご記入いただければ幸いです。

ご感想等はウェブでも受付中です（抽選で書籍プレゼントあり）▶

年齢	（　　　）歳	性別	男性 ／ 女性 ／ その他
お住まいの地域	（　　　）都道府県 （　　　）市区町村		
職業	会社員　経営者　公務員　教員・研究者　学生　主婦 自営業　無職　その他（　　　）		
業種	製造　インフラ関連　金融・保険　不動産・ゼネコン　商社・卸売 小売・外食・サービス　運輸　情報通信　マスコミ　教育 医療・福祉　公務　その他（　　　）		

DIAMOND 愛読者クラブ　メルマガ無料登録はこちら▶

書籍をもっと楽しむための情報をいち早くお届けします。ぜひご登録ください！

- 「読みたい本」と出合える厳選記事のご紹介
- 「学びを体験するイベント」のご案内・割引情報
- 会員限定「特典・プレゼント」のお知らせ

①本書をお買い上げいただいた理由は？
（新聞や雑誌で知って・タイトルにひかれて・著者や内容に興味がある　など）

②本書についての感想、ご意見などをお聞かせください
（よかったところ、悪かったところ・タイトル・著者・カバーデザイン・価格　など）

③本書のなかで一番よかったところ、心に残ったひと言など

④最近読んで、よかった本・雑誌・記事・HPなどを教えてください

⑤「こんな本があったら絶対に買う」というものがありましたら（解決したい悩みや、解消したい問題など）

⑥あなたのご意見・ご感想を、広告などの書籍のPRに使用してもよろしいですか？

1　可　　　2　不可

※ご協力ありがとうございました。

歯は「金」に属するパーツ。**歯並びや歯の色などを含め、歯の印象がその人の「金」の気の印象になると考えます。**ですから、金運アップを望むなら、毎日のデンタルケアと定期的な歯科検診&クリーニングはマスト。

歯の不具合というとすぐに思い浮かぶのは虫歯ですが、たとえ虫歯になっていなくても、口の中に雑菌があるだけで金運は落ちてしまいますし、歯周病も「金」の気を消耗させるので要注意。歯周病を防ぎ、口内をクリーンな状態に保つためにも、歯はこまめにみがくようにしましょう。外出先や会社で歯をみがくのが難しい場合は、洗口液でうがいをするだけでも効果があります。

また、きちんと歯をみがいていても、歯の表面が黄ばんでいると金運がくすみやすくなります。歯みがき剤はできれば歯を白く保つ効果のあるものを選んで。さらに、数カ月に1回は、歯医者さんでクリーニングしてもらうのがおすすめです。

ちなみに、奥歯のいちばん後ろにある**親知らずは、この歯があるだけで、「金」の気の消耗が激しくなり、お金がどんどん流れていってしまいます。**たとえ虫歯になっていなくても、親知らずは早めに抜いてしまうことをおすすめします。

10

仙骨を立て、正しい姿勢を心がける

仙《せん》

骨《こつ》とは、背骨のいちばん下にある三角形をした骨のこと。風水では、この仙骨＝お金を生み出す場所と言われ、**仙骨がまっすぐ立っている状態で過ごすことが、お金を呼び込むことにつながるとされています。**

しかし、多くの人は長い時間座っていると、だんだん座り方が浅くなって腰が前方にずり出していくため、仙骨が斜めに傾いている状態になりがちです。そうなると、腰痛や肩こりの原因になりやすいだけでなく、背中が曲がることで陰の気がたまりやすくなり、「金」の気がどんどん消耗していってしまいます。

正しい姿勢をとることは、健康のためだけでなく、金運を上げるためにもとても大切なこと。パソコン作業などで座っている時間が多い人ほど、油断すると自分にとって楽な姿勢（＝仙骨が斜めになっている姿勢）になりがちなので、意識してこまめに座り直し、椅子に深く腰掛けて仙骨をしっかり立てるようにしましょう。

仙骨は目に見えないので、立っているかどうかわかりづらいという人は、丹田《たんでん》（おへその少し下）をまっすぐ前に向けるようなつもりで座ってみましょう。立つときや歩くときも、その姿勢を意識していれば、自然に仙骨もまっすぐになりますよ。

11

上質なインナーを身につける

肌に直接ふれるインナーは「水」の気をもつアイテム。「金」の気は「水」で増えるので、**インナーにこだわるとお金の流れが劇的に変わります。**

理想の素材はシルク。シルクのインナーを身につけると、自分でもはっきりわかるほど、お金の流れが変わります。もちろん、シルク100％が難しければコットンシルクでもかまいませんし、気に入るものが見つからない場合はコットンでもOK。化繊のインナーはお金を燃やしてしまうのでできれば避けたいところですが、化繊をまったく使っていないインナーは少ないですし、あってもデザインが今ひとつ……ということも。そんなときは、肌にふれるところだけでもコットンなどの天然素材を使用しているものを選びましょう。

また、化繊のインナーを1回でも着たらすべての金運が燃えてしまうというわけではありません。普段はシルク、体のラインが出る服を着るときは化繊というように、**TPOでインナーを使い分けるのもひとつの方法です。**

なお、風水では、お正月に身につけるインナーがその年の自分の容姿のイメージになると言われています。そういう特別なシチュエーションで着るインナーについては、デザイン重視で選んでOKです。

12

ベッドにスマホを持ち込まない

今や、生活には欠かせないスマホ。夜寝るときは枕元にスマホを置いているという人も多いと思いますが、実はこれ、金運的にはNG行動です。

人は、眠るときは「水」の気になり、その日にためた悪い運を流すとともに、新たな運気を吸収しながら運を再生していきます。新しい気は頭の上から流れてくるので、**頭上やその周辺に電磁波（＝「火」の気）を発するスマホがあると、運の再生が阻害されるだけでなく、金運も燃やされてしまいます。**ですから、寝ている間、スマホはできるだけベッドから離れた場所、できれば足元に近いほうに置くようにしましょう。

こうすれば、スマホのアラームを目覚まし時計代わりに使っている人も、アラームを止めるためには布団から出なくてはなりませんから、うっかり寝過ごすことがなくなり、一石二鳥です。なお、**けたたましい音で眠りを妨げられると運気が下がるので、アラーム音はなるべく穏やかなものを選びましょう。**

また、眠りにつく直前までスマホを眺めていると、運気再生の妨げに。眠る30分前にはスマホを手から離し、音楽を聴く、ストレッチやスキンケアをするなどして、ゆったりとリラックスした状態で布団に入りましょう。

13

臨時収入があったら、一部は寄付する

臨時ボーナス、手持ちの株の価格が急上昇して得た利益など、思わぬ臨時収入があったら、その収入の一部は寄付に回しましょう。**仮に1000円臨時収入があったら10円を寄付するくらいの気持ちでOK。**寄付する先は信頼に足るところであればどこでもかまいません。見知らぬ誰かのためにお金を使うという行為が、この先の人生をより楽しく豊かなものにしてくれます。

なお、宝くじが当たったときも、当選金の一部は必ず寄付を。これは金運を豊かにするためというより、宝くじという一種のギャンブルで得たお金についてくる金毒を浄化するためです。

COLUMN

金毒を浄化する4つの方法

❶ **家族や友人におごる**…コーヒー1杯程度でも「人のためにお金を使う」ことが浄化に。

❷ **寄付をする**…カード払いより、自分の手で募金箱に入れるか口座に振り込んで。

❸ **チョコレートや小豆を食べる**…カカオや小豆には浄化効果があります。ほんの少しつまむだけでOK。

❹ **桃やメロンを食べる**…桃、メロンには金毒浄化作用があります。ジュースやゼリーでもOK。

14

他人をねたまない

ねたみ、そねみ、嫉妬といった感情は、五行で表すと「火」。それもドロドロした黒い火です。そういう「火」の感情を心に抱いている人は、自分の火で**自分に起こる幸せや豊かさをすべて燃やしてしまっているのです。**

たとえば、自分がずっとほしくて、でも高いから買えないと我慢していた服やアクセサリーを友人が手に入れたことを知ったときに、「それ、いいね」とスッと言えますか？「いいなあ、私もほしかったんだよね」と心のままに言えるなら、それは「うらやみ」なのでOK。でも、「お金がある人はいいよね」「私もほしかったのに……」などと感じてしまい、素直に「いいね」が言えない、そんな人もいるでしょう。それが「ねたみ」です。

ちなみに、ねたみや嫉妬の気持ちをもつことと、金銭的に豊かであるかどうかはまったく別問題。お金持ちでもねたみ体質の人は少なくありません。

ただ、そういう人は、心の中の「火」が、手持ちのお金が自分の豊かさのために働かないように「金」の気を燃やしてしまうので、「お金はあっても人生が楽しくない」→「ますます人をねたむ」という悪循環に。ですから、もし**自分の中にねたみの感情があると気づいたら、できる限りそれを捨て去るように努めましょう。**

15

1日15分でも日常生活に「自分が楽しむ時間」をつくる

1 日のうち、たった15分でもいいので、自分が楽しむための時間をもちましょう。

たとえば、朝起きる時間を少しだけ早めて、ほかの家族が起きてくる前にゆっくりお茶を飲む、あるいは家族が寝たあとにワインを飲みながらお気に入りのドラマや映画を見る、友人とリモートで他愛ないおしゃべりをするなど、1日ののどのタイミングでもいいですし、どんなことをしてもかまいません。**誰かのために費やす時間ではなく、「自分が楽しむための時間」をもちましょう。**

なかには子どもが小さかったり家族に要介護の人がいたりして、家でくつろぐことが難しい人もいるかもしれませんが、そういう人こそ、短時間でいいので「自分が支配している」と思える時間をもつことが大切です。

育児の合間に好きなお茶をいれて、つかの間のティータイムを楽しんだり、好きな音楽を聴きながらゆったりお風呂につかったり、本当にほんの少しの時間でいいのです。たとえ1日15分でも日常生活のなかにそういう時間があれば、**その時間が運の土壌を豊かにしてくれます。**

また、「金」の気は「土」から生まれるもの。日常使いの器や箸、カップ、ホームウェアなどにもぜひ気配りを。

第3章

16

硬貨を持ち歩かない

キャッシュレスが主流になった昨今は、おつりを硬貨でもらう機会もあまりなくなりましたが、現金でしか払えない店やサービスもまだあります。そんなときにやっかいなのが、おつりで受け取る硬貨の存在。

硬貨は雑菌がつきやすく、ため込むと財布が重たくなるので、金運アップを目指すなら、できる限り持ち歩かないようにしたいもの。現金支払いがメインの人は積極的に使って減らしていけばいいのですが、そうでない場合はできる限り硬貨を増やさないように意識して行動しましょう。クレジットカードやＱＲコード決済など、現金以外の方法で払えるならできるだけそちらを選ぶ、ポイントと現金払いを併用できるなら、端数はポイントで払うなどすれば、おつりをもらわずに済むはず。飲み会などで割り勘にするときも、端数はＱＲコード決済でやり取りするようにすれば、硬貨がなくても問題ありません。

それでもうっかりもらってしまったら、**なるべく持ち歩かずにスーパーやコンビニなどの募金箱へ。**神社でのお賽銭用に残しておくのもひとつの手ですが、その場合は、いったん水洗いして雑菌を落としたうえで、普段使う財布とは別の封筒や小銭入れなどに入れておきましょう。

17

「使ったお金」をその都度確認して記録する

交通系のICカードがオートチャージ式になり、日常の買い物や外食の支払いはスマホ決済、公共料金の支払いもクレジットカードで……というように、私たちの日常生活はキャッシュレス決済がメインになりつつあります。便利になった半面、使ったお金が把握しづらいというデメリットも。

現金でのやり取りでは、お金を数える、目で見る、おつりを受け取って確認する、財布にしまうなどのプロセスを通して、「形あるもの」としてのお金を感覚でつかむことができますが、キャッシュレスの場合、実物としてのお金を見たりさわったりすることがないので、お金に対する意識が希薄になりがちです。もともと**金運は、ふわふわとして形のないものなので、こちらがしっかりつかんでいないとすぐに逃げていってしまいます。**

それを防ぐためには、「使ったお金を確認して把握する」ことが不可欠。キャッシュレス決済を利用している人は、できれば1日に1回、少なくとも週に1回は決済履歴や使用通知を見て、使った金額を把握しましょう。クレジットカードの場合も同様に。見るだけでは意識に残りづらいので、手帳や家計簿に書き写すか、スクリーンショットを撮って月ごとにまとめるなど、「形にする」とより効果的です。

18

いつも「お金を増やす方法」がないか考える

お金について考えるとき、「減ること を心配する」のが習慣になってい ませんか？　まずその「思考のクセ」を 見直してみましょう。

「使うと減る」のは、お金のひとつの側面にすぎません。**減ることばかりに目を向けていると、お金はそれに呼応してどんどん逃げていってしまいます。**それより、「お金が増えたらうれしい」「どうすれば増えるかな」と考えるクセをつけたほうが、お金に好かれやすくなります。

「お金の増やし方」といっても、ギャンブルや宝くじは計算に入れてはいけません。まずはそれ以外の方法で、「自分ならどうやって今あるお金を増やすか」を考えてみてください。

・自作のアクセサリーを販売する
・有料のブログやメルマガを始める
・ZINE（自主制作の出版物）を制作して販売する
・週末に短時間のアルバイトをする
・株を始めてみる

など、実際に行動に移すところまでいかなくてもいいので、思いつくままに挙げてみて。

大事なのは、**つねに「これはお金になりそう」「こうすればお金が増えるんじゃないかな」と考えるクセをつけること。**お金はそういう思考をもっている人のところに寄ってくるものです。

19

ほしい金額を「数字」にして、入手ルートをイメージする

金運は、ただ「ほしい」「上がるといいな」と考えているだけでは、手に入りません。まずは、あなたが望む金運を「5万円」「100万円」のように、具体的な「数字」にしてみましょう。**金運は「形」のないもの。数字で認識することで初めて具現化されるのです。**

金額がすぐに思い浮かばない人は、

「1シーズンに5万円くらい、服やコスメを買いたい」

「広い部屋に引っ越したいから、あと3万円月収を上げたい」

「自由に使えるお金を月に2万円くらい増やしたい」

というように、自分の望む暮らしや実現したいことを思い描き、それを手に入れるためにあといくら必要か、と考えてみると、おのずとほしい金額が出てくるはずです。

そのうえでやってほしいのが入手ルートづくり。自分が望む金額にたどり着くまでの道筋を具体的に思い描いてみましょう。「昇進して月収アップ」↓「ボーナス額アップ」↓「副業のアクセサリー販売が好調」↓「手持ちの株価が上昇」など、最大限に「盛った」ルート（ただしギャンブルと宝くじは対象外）でOK。**自分が今生きている現実と「ほしい金運」が想像上でつながれば、望む金運は必ずやってきます。**

20

為替相場や経済ニュースをこまめにチェックする

お

金はつねに動いているもの。その流れの中に身を置いていない人は、お金を手に入れることはできません。

ですから、為替相場や株の値動き、世界や国内の経済に関わるニュースは毎日ざっとチェックしておきましょう。

「今、1ドルは何円なのか」「株価はどんな状況なのか」「世界各地の紛争が長引くことで経済にどういう影響があるのか」といったことを、自分のお金の流れとつながる知識としてなんとなく頭に入れておくことが大切です。

また、自分が日本に住んでいるからといって、日本国内のことだけ見ているのは考えもの。ロシアのウクライナ侵攻が世界中の経済に影響を与えたように、**世界のどこかで事件や紛争が起これば、それは私たちのお金の流れに必ず関わってきます。**

「私には関係ない」と背を向けるのではなく、世界のあらゆる出来事を「自分とつながる出来事」としてとらえていきましょう。

とはいえ、国内のメディアでは、日本以外で起こった出来事についての報道は極めて少ないのが実情。ですから、テレビや新聞だけでなく、定期的に海外のニュースサイトをチェックするなど、自分から積極的に情報にアクセスしていくように努めましょう。

第4章

節約はしない！
貯めすぎない！
お金を「回して増やす」
生き方、考え方

お金は循環するもの

物価高、低金利が続く昨今、お金を増やすどころか今あるお金でやりくりするのが精一杯という方も多いかもしれません。

そうなるとどうしても「お金を使わないようにしよう」「節約しなくちゃ」という考えになりがち。しかし、お金というのは、ただ「出ていかないようにする」だけでは増えていきません。

お金は、循環することで増えていくもの。作物は土の中の栄養を吸い上げて芽を出し（＝生じ）、果実を実らせ（＝盛んになり）、やがて自らは枯れて土に返る（＝滅する）ことで土壌を肥やします。

お金の循環サイクルもこれと同じで、入ってきたお金が出ていき、また入ってくるという循環の輪が、新たなお金を生み出しているのです。

もし作物がいつまでも枯れずに根を張っていれば、土壌はどんどんやせ細り、やがては果実を実らせる力もなくなってしまいます。

世の中には1億円の貯金があっても、それが減ることが怖くてお金を使えずにいる人もいます。自分の手持ちのお金に執着し、お金をつかんで離さないようにする、そうなると、お金は循環せず、新たなお金が入ってこないので、どんどんお金が減っていくばかりです。

金運のいい人になりたいなら、お金を自分のところに留めておこう、固定させようとしないこと。もちろん、節約や貯蓄をしてはいけないというわけではありませんが、それだけに頼っているとお金が増えないばかりか、金運のベースがどんどん弱体化していってしまいます。

「最近、お金が増えないな」と感じたら、積極的にお金を動かしましょう。前からほしかったものを買うのもいいですし、少額の募金や投資（ローリスクのものでOK）をしてみるのもおすすめです。小さくてもいいので循環の輪を回し続けていれば、必ずお金は増えていきます。

「貯めよう」より「余らせる」

お金は拘束されることを何より嫌います。ですから、**お金を増やしたいと思うなら、「貯めよう」と思ってはいけません。**

では、どうすればいいのでしょうか。答えは、**「貯めよう」とせずに、「余らせる」こと。**大金を余らせる必要はありません。500円、いえ100円でもいいのです。

ポイントは金額ではなく、「余る」ことそのもの。「余る」ということは、十分に満ち足りたうえに＋αがあるという豊かな状態を意味します。

たとえ収入が少なくても、常に「お金を余らせよう」という意識をもって暮らしている人には、＋αのゆとりが生まれます。そのゆとりがお金を生み出していくのです。

たとえば、月々の予算を組むとき、金額をギリギリいっぱいにせず、少しゆとりをもたせておきます。

そうすると、予定通りの金額を使い切っても、最後にお金が「余る」ことになります。何だか得をした気がしませんか？ この**「何だか得をした気がする」という感覚、これこそが「豊かさ」を生み出すもとなのです。**

もうひとつのポイントは、「余った」お金の使い方にあります。余ったお金は、ゆとりそのものなので、たとえばちょっと高いアイスを買う、子どもにかわいい文房具を買ってあげるなど、＋αの楽しみごとのために使いましょう。

決して「貯金に回そう」とか「来月に繰り越そう」などと思ってはダメ。貯めたいなら、楽しく使ってなお「余った」分を貯蓄に回せばいいのです。

「お金が入った！ 楽しく使った！ しかも余った！」という感覚が、さらなる豊かさを生み出します。

なお、言うまでもありませんが、貯蓄したいがために、楽しく使うお金をケチるのは本末転倒。**「余ったら貯めておこうかな」くらいがちょうどいいと思ってください。**

余ったお金が少額なら、封筒などに取り分けておき、ときどき眺めたり数えたりすると、さらに豊かさが増えていきますよ。

使うお金はすべて「生き金」に

お金の使い方には2通りあります。**自分が楽しいと思えること、自分にとって有益なことに使うお金は「生き金」、そうでないことに使うお金は「死に金」です。**

生き金として使われたお金は、循環の輪をより大きなものにし、出ていったときより大きなお金になって自分に返ってきます。

一方の死に金は、いわば無駄遣い。「これを買うとポイントがつくから」「セールで安くなっていたから」といった理由で、さほどほしいと思っていないのに買ってしまった……という経験は誰にでもあると思いますが、これこそ典型的な死に金です。死に金は決して戻ってこないばかりか、ほかのお金も連れて出ていってしまうため、使えば使うほど「お金が出ていきやすい体質」になってしまいます。

特にキャッシュレス決済ではお金を払うことに対する実感が得にくいので、「何となく」「無意識に」お金を使ってしまいがちです。金運を上げたいなら、「使うお金はすべて生き金にする」つもりで生活していきましょう。

なお、何かにお金を使ったとき、そのお金を生き金にするか死に金にするかは、使う人次第です。**ほかの誰かが「そんなくだらないことにお金を使うなんて」と思ったとしても、自分がそれによって満ち足りた気持ちになれるなら、そのお金は生き金。**

逆に、ほかの人がうらやむようなモノを手に入れても、「もったいない」「買わなければよかった」と悔やむことになるなら、それは死に金なのです。

ですから、何かにお金を使うときは、必ず「これは自分にとって価値があるか」「これを買うことで幸せになれるのか」と自分に問いかけて。「〇〇さんのおすすめだし」「ほかの店を回るのも面倒だし、これでいいかな」などと、選択の主体が自分ではない、あるいは価値があるかどうか確信がもてない、という状態でお金を出すと死に金になりやすいので、くれぐれも気をつけましょう。

もし、**うっかり死に金を使ってしまったら、『次は買わない』という学びになったからOK」と考えて。**そうすれば死に金も生き金にすることができますよ。

節約はしない、無駄はなくす

景気が悪いときほど奨励される「節約」ですが、**風水的にはあまり節約はおすすめしません。**

そもそも、お金というのは循環することで増えていくものです。節約は出ていくお金をできるだけ少なくして自分のところにお金が留まるようにするものなので、それを続ければ続けるほど循環の輪が小さくなり、入ってくるお金も少なくなってしまうのです。節約しているのにお金がないと嘆く人が多いのは、このせいです。

いちばんよくないのは、「節約しなくちゃ」という気持ちで、あらゆる出費を切り詰めること。切り詰めるということは、言い換えれば「我慢する」ということです。「我慢する」のは心にとってはマイナスの状態であり、金運にとってもマイナスにしかなりません。**特に食費を節約するのは絶対にＮＧ。**豊かさの象徴である食を切り詰めたら、豊かになれるはずがありません。

ただし、「節約しなくちゃ」という気持ちからではなく、「楽しいから」「好きだから」で安い品物や方法を選ぶなら全く問題ありません。たとえば、「牛肉は高くて買えないから豚肉にする」のではなく、「そのほうがおいしいから豚肉にする」「家族が好きだから豚肉にする」ならＯＫ。この場合、我慢しているわけではないので、心にも金運にもマイナスは生じませんし、安いものを選ぶことが楽しみや喜びにつながっているわけですから、むしろ金運にはプラスになるといえます。

金運を上げるために意識してほしいのは、「節約」より「無駄な出費をなくす」こと。たとえば、解約し忘れていたサブスクの月額料金やスマホのオプションサービス代、使っていないクレジットカードの会費など、気づかないうちに出ていってしまっているお金、こういった出費がなくなれば、使えるお金が増えますよね。

それも「お金を増やす」のと同じことです。カードやスマホ決済メインの生活をしていると、どうしてもこれらの「無駄な出費」は見過ごしがちになります。**定期的に履歴や明細をチェックし、気づいたら無駄はなくすようにしていきましょう。**

日常の中に楽しみごとを見つけよう

風水では、金運は「土」から生じ、「水」で増えると言われています。
「土」とは、自分の土台であり、ベース。土壌が豊かになれば、作物がすくすく育ち、そこから得られる実りも豊かになります。

自分の土壌、つまり日常生活のなかに楽しみごとや喜びごとをたくさん探せる人こそ、豊かさを生み出す土壌をつくれる人なのです。

毎日仕事や家事に追われて、楽しいことなんてない、と言う人もいるかもしれませんね。それでもコーヒーを豆から挽いてお気に入りのカップで飲む、帰宅したらお気に入りの入浴剤を入れてゆっくりお風呂に入る、寝る前に推しのライブ映像を見る、飼っている猫と遊ぶなど、ほんの小さなことでもいいので「これが楽しみ」といえるものを探してみましょう。

1人暮らしで食事の時間が味気ないなら、器にこだわったり、お酒とおつまみのペアリングを研究してよりおいしい組み合わせを見つけたりするなど、自分なりの楽しみを見つけましょう。部屋が狭いならソファに座り心地のいいクッションを置いたり、アートポスターを飾ったりしてお気に入りスペースをつくるのもおすすめです。豊かさはそういうところから生じるのです。

そして、日常生活の中に楽しみを見いだせるようになると、たとえば休みの日に外出しても素敵な器に目が留まったり、インテリアショップをのぞいたりと、今までとは違うものが見えてくるようになります。

今までは「ただ目的を果たして帰ってくるだけ」だったのが、もともとの目的以外にも、たくさんの豊かさを連れて帰ってこられるようになります。

金運にいい方位に旅行に出かけたり、ファッションや持ち物に気を配ったりするのももちろん効果的。

でも、**「金運を自ら生み出せる人」になりたいなら、まずは日常生活を楽しむことを意識してみてください。**

ポイ活との付き合い方

ショッピングやサービス利用などで貯まるポイントを活用する「ポイ活」。誰でも無料で始められますし、買い物や旅行など、普段の行動の中で無理なくポイントを貯めることができます。

多くの場合、ポイントを貯めるには個人情報の登録が必要なので、そういった手続きが面倒だと感じる人にはおすすめできませんが、そうでなければぜひ活用してください。

ただ、ポイントを貯めるためにさしてほしくもないものを買ってしまうなど、**ポイントに踊らされるのは本末転倒。**

ポイントはあくまでも「＋αのお楽しみ」であり、「増えたらラッキー」程度のものだと思って付き合っていきましょう。

なお、貯まったポイントは「＋α」＝豊かさそのものなので、そのまま普段の買い物に使ってしまわないようにしましょう。

できればワンランク上の美容液や高級なお菓子、ブランド肉など、**「普段は買わないけれど、ポイントがあるから買ってみようかな」と思えるものに使って。**

旅行に使えるポイントなら、部屋や食事のランクをひとつ上げてみるのもおすすめです。それによって補充の運気がもたらされ、「金」の気の循環促進につながります。

COLUMN

ふるさと納税はする？ しない？

ふるさと納税は、自分の選んだ自治体に寄付をし、所定の手続きをすると税金の還付・控除が受けられる制度です。税金の還付や控除の手続きが面倒なら、無理にやる必要はありませんが、そうでないならぜひやってみて。本来ストレスになる「納税」という手続きにおいて、「得をした」と体感できるのはこんないいことはありません。また、自分のほしい返礼品を受け取って「うれしい」「ラッキー」と感じることも、金運アップにつながります。

フリマやリユースショップは利用してもいい？

手頃な値段で中古品が買えるリユースショップやフリマアプリ。本や服、雑貨から家具、コスメまで、さまざまなものが売買されています。皆さんも一度や二度は利用したことがあるのではないでしょうか。

よいものを安く買うのは、風水的にもラッキーなこと。ただし、中古品は前の持ち主がどんな人だったか分からないので、それ相応のリスクもあります。買うときはその点を考慮して、「何だか嫌な感じがする人」からは買わないのが正解です。

また、リユースショップやフリマアプリで買ったものは、**前の持ち主の気が入っているので、必ず使用前に浄化**（重曹をふりかける、重曹水でふく、重曹水に浸けてから洗濯する、お香の煙にあてるなど）**しましょう。**

COLUMN

フリマ&リユースショップで買わないほうがいいもの

鏡	鏡は映し出されたものの気を吸います。美しいもの、いいものばかり映した鏡ならいいですが、そうでない可能性も大いにあるので、中古で買うのは絶対にNG。
財布	前の持ち主が「金運のいい人」であればいいですが、そうでない場合はその人の金運をそのまま引き継ぐことになるので、避けたほうが無難。
インナー	肌にふれるインナーは前の持ち主の気を吸っています。前の持ち主が病気がちだった場合、その病の気も吸っているので、避けたほうが無難。
陶器	「土」の気をもつ陶器は持ち主の気を吸いやすい特性があります。特に普段使いの器は、使うたびにその気を受けることになるので、知り合い以外から中古品を買う（もらう）のは避けて。
箸	陶器と同じく、箸は日常使いのアイテムなので、知らない人から中古品を買うのは避けて。
香水、コスメ	香りアイテム、コスメはいずれも「縁」を司るアイテム。香水はボトルだけ、もしくは未開封のものなら問題ありませんが、使いかけのものはNG。コスメも未開封の新品以外はNG。

収入源を増やして財布を2つに

会社員など、毎月の収入額が決まっている人は、金運アップといってもなかなか具体的なイメージがわかないかもしれません。でも、「イメージできないお金は入ってこない」のが金運風水の基本。**金運を上げたいなら、今の仕事以外でお金を手に入れる方法を見つけましょう。**

たとえば、投資、アフィリエイト、有料ブログの運営、スポットワーク、特技を生かしたアクセサリーや小物の製作販売など、何でもいいのです。たとえ大した金額にはならないとしても、収入源が増える=財布が増えるということですから、それだけお金が増えやすくなるのです。

会社が副業を禁止していたり、時間のゆとりがなかったりして、今すぐには実行に移せない人もいるでしょう。それでも条件がそろえばすぐに実行できるくらい、イメージを具体化し、準備を進めておきましょう。たとえば投資なら、やり方を学んだり『会社四季報』を読んで企業研究をしたりするだけでも立派な一歩。**行動を起こすことが新たなお金を呼び込むことにつながります。**

投資は「儲けるため」ではなく「金運を増幅させるため」のもの

投資は一攫千金を狙うものと考えている人もいますが、**風水でおすすめする投資は、あくまでも金運を増幅させるためのツール。**実際に得られる利益はわずかでも、「お金を回す」ことで「金」の気が循環しやすくなるのです。特に会社員など、収入額がある程度決まっている人は、少額でもいいので投資でお金を動かし続けることをおすすめしています。

もちろん、投資にはリスクがつきものですから、経済的なゆとりがない人は無理にやらなくてもかまいません。ただ、実際に投資をするところまではいかなくても、投資について学ぶ、投資用の口座をつくる、ポイント投資をしてみるなど、お金をかけなくてもできることはたくさんあります。ぜひ自分のできる範囲で、シミュレーションだけでもやってみてください。

また、実際に株の売買をしなくても、「自分が買うならどの銘柄がいいか」と考えて、その銘柄の値動きをチェックしたり、外貨預金をするつもりで為替レートを継続的に見たりするのもおすすめです。お金の流れは社会の動きと連動していますから、**自然に世界で起きている出来事に敏感になりますし、視野も広がって、気の流れがよくなります。**

海外旅行に行ったときの外貨が残っているなら、それをそのまま外貨預金にするのもおすすめです。お金は変化の中から生まれるものなので、変化し続ける状況にお金を置くことで、預金に入れていないお金も増えやすくなります。

もちろん、外貨預金の場合はレートによって原価割れすることもありますが、増減にかかわらず、常に「回っている」ことが重要。「ただ置いておいただけなのに、気づいたらちょっと増えていた」となれば、さらにラッキーです。

「増えた」と感じることで、気の循環がさらに促進されますし、「増えた」「得をした」という感覚がその人の金運に入ってくるので、金運の増幅にもつながります。

投資は人に頼らず、自分で学び、自分の意思で

投資をする、しないは個人の自由ですし、経済的にゆとりがなければ無理をしてやる必要はありません。ただ、「面倒くさいから」といってやらないのは金運ダウンのもと。もし「面倒」という以外にやらない理由がないなら、**投資について学ぶことだけでも始めてみることをおすすめします。**

投資に抵抗がある人もいるかもしれませんが、「どうせ税金を払うことになるなら、そのお金を投資に回す」くらいの気持ちでやってみて。最近は、新NISA《ニーサ》やiDeCo《イデコ》など、少額の投資をすると利益が非課税になる制度もあり、今まで投資に踏み切れなかった人もチャレンジしやすくなっています。投資はタイミングが重要なので、やってみたいと思ったときにすぐ始められるように、とりあえず口座を開いておくなど、

今できることから手をつけてみてください。

とはいえ、投資は正しい知識を得たうえで、自分の意思でやるもの。「よく分からないから詳しい人に頼みたい」などと考えているなら、手を出さないほうが無難です。

投資は語学と同じ。まず知識を得て、それを実践していくのが投資のセオリーです。学ばずにいきなり外国語を話せるようになる人がいないのと同じように、知識なしで投資で成功する人もいません。

自分が話せない言語だからと知らない人に代わりに話してもらった場合、詐欺に遭ったりだまされたりする可能性は非常に高いです。投資も同じことで、株や金融商品を買うのに、買う対象になるものの価値や、買うことのメリット、デメリットをきちんと知らなければ、失敗したりだまされて損をしたりする可能性が高くなります。必ず正しい知識を得てから、自分の意思で運用するようにしましょう。

また、**投資はあくまでも余剰資金で行うものです。**始める前に、もし損をしたら、それまでつぎ込んだお金を「なかったもの」としてあきらめられるかどうか考えてみましょう。**「どうせ寝かせておいたお金だし」「余っていたお金だから」と思えるならOK。**それが無理なら、やめておきましょう。

募金、ボランティアは「金運を生み出す」開運行動

ボランティアや募金活動は、お金にはならなくても金運を生み出すことにつながる行動です。

ボランティアや募金をするということは、自分の行動や使ったお金が誰かのためになり、そこから新たな運が生まれる……という循環システムの中に、自分が入るということ。お金は循環しながら増えていくものなので、自分が大きな循環の輪を回していく一員になることで、そこから生まれる金運がやがて自分にも返ってくる、という仕組みです。

ただし、ＰＴＡ活動や地域ボランティアのように、自分の子どものために学校行事の手伝いをしたり清掃活動をしたりするのは、人間関係運をスムーズにすることには

つながりますが、金運アップ効果はあまりありません。**知り合いではない、不特定多数の誰かのために何かをすることが大切なのです。**

これは募金も同じで、「知り合いがこういう活動をしているから」「母校が寄付を募集しているから」などの理由で寄付や募金をしても、金運アップ効果はあまり期待できません。

もちろん、その寄付や募金に意味がないわけではないのですが、金運を上げたいなら、寄付や募金の対象は、自分とは個人的なつながりのない、活動の趣旨や目的に賛同できるような団体にしましょう。

なお、**募金にはお金についてくる悪い気（＝金毒）を流してくれる効果もあるので、定期的にしておくと金毒がたまりにくくなります。**

この場合、サブスク形式で毎月定額が引き落とされるようなものは、「お金を出した」という実感が得にくいので避けたほうがいいでしょう。気づいたら募金する、というやり方でももちろん構わないのですが、それでは習慣が身につかないという人は、「自分の誕生日に募金する」「月初めに募金する」などとマイルールを決めておき、その都度自分の手で振り込むようにするのがおすすめです。

Q

推し活に使うお金は「生き金」になりますか?

A

推しのライブに行ったり、関連グッズを買ったりするのは、それが楽しいからですよね。それならOK。推し活はあくまでも自分の楽しみのためにするもので、その限りにおいては、推し活に使うお金は「生き金」と言えるでしょう。

ただ、推し活のために使うお金を捻出するために、旅行に行くのをやめたり食費をケチったりするようになったら要注意。

自分の楽しみを削って推しのためにお金を使うのは、運を削るのと同じこと。そんなお金の使い方は「生き金」とはとうてい呼べません。

また、「こんなにお金を使ったんだから…」と対価を期待するのも運気ダウンのもと。

推しの応援をするのは推しのためではなく、自分が楽しむため。その原則を忘れないようにしましょう。

第5章

超長寿時代を「豊かに生きる」暮らし方

「老後の不安」を解消するには、まず計算から

「今はいいけれど、老後が不安」「老後にお金が足りなくなったらどうしよう」……そんな不安の声をよく聞きます。老後に向けての金運アップは、この「不安」をクリアすることが最初のステップです。

不安になること自体は決して悪くないのですが、**お金に関する「根拠のない不安」は金運を著しく消耗させるので、要注意。**いちばんよくないのは、「何となく不安だな」と思いながらも、その不安の根拠については目をつぶり、不安な気持ちのままずっと生活していくことです。もし、「老後にお金が足りなくなること」が不安なら、「これからかかる（と予測される）お金」「今あるお金」「これから入ってくるお金」をきちんと調べて、金額を出しましょう。つまり、**自分の抱えている不安を「見える化」す**

るのです。「いくらあれば、自分は安心できるのか」「そのためにはあといくら必要なのか」についても、具体的な金額を出してみて。

この時点で、これまで抱いていた不安には根拠がなかった、と判明する人もいるかもしれません。そうなれば万々歳ですし、そうでない人も、不安の根拠が具体的に見えてくれれば、もう怖いことはありません。「何だかわからない不安」はもうそこにはなく、ただ「解決すべき問題点」があるだけだからです。

計算の結果、「老後に必要な金額」に対して、入ってくるお金が不足しているなら、「不足分のお金をどうやって手に入れればいいのか」を考えて。再雇用で同じ仕事を続ける、今あるスキルを生かして別の仕事を始める、投資をするなど、「できそうなこと」を具体的に考えてみるのです。実際にそうするかどうかはともかくとして、ここで具体的な方法を考えておくことが、不安解消と今後の金運アップにつながります。

金運アップというとふわっとしたイメージになりがちですが、お金というのは実在するものですし、風水は魔法ではありません。**本気で金運を上げたいなら、まず「計算する」「具体的な金額を出す」ことで根拠のない不安を解消して。**さらなる金運アップを狙うのは、そのあとです。

還暦は「新たな人生のはじまり」

風水では、60歳をひとつの区切りと考えます。60歳を過ぎても元気に働き続けるシニアが増えている今、60歳はただの通過点と考えている人も多いかもしれませんが、**60歳というのは、1回目の生を終え、新たな生を生き始める、いわば人生のターニングポイントです。**

これまで積み上げてきた運は、60歳でひと区切り。これまでの運がよかった人もそうでなかった人も、ここからまた新たに運を積み上げていくことができます。

ただし、誰もが何もせずに、新たな運を生み出せるわけではありません。今までの運の貯金を食いつぶして残りの人生を生きるか、それとも新たに運を生み出して自分が望む第2の人生を送れるかは、その人の心構えと準備次第です。

まだ60歳を迎えていない人は、**できれば今のうちに「60歳以降の人生プラン」を考えておきましょう。**すでに還暦を過ぎてしまっている人は、今からでも大丈夫。**さっそく「これからの人生」をイメージして、人生プランを立てましょう。**

特に考えてみてほしいのは、「60歳になったらチャレンジしたい、新しく始めてみたいこと」。楽器、語学、スポーツ、サークル活動……「楽しそう」「やってみたい」と思えるものなら、どんなことでもかまいません。昔やっていたことをもう一度やってみるのももちろんいいですが、それとは別にまったく経験のないこと、新しいことを始めてみることをおすすめします。たとえば、ピアノを習った経験があるなら、ピアノではなくウクレレにチャレンジしてみる、あるいはまったく経験のないスポーツを始めてみるのも楽しいかもしれません。

また、60歳になる年に、今までまったく足を運んだことのない場所に行ってみるのもおすすめです。

何かひとつでも新しいことを始めると、それによって新たな運が生まれます。**新しいことにチャレンジすればするほど、新たな運を生み出す人になれます。**

自分にとっての「楽しいこと」「豊かな暮らし」をイメージして

長い人生を豊かに生ききるためのいちばんのポイント、それは、**自分にとって「楽しいこと」「豊かな暮らし」を常にイメージできているかどうか。**

お金が十分にあって何不自由なく暮らしていけるとしても、自分の思い描いた「豊かな生活」ができなければ、それは豊かな人生とはいえません。**持っている「お金」を「豊かさ」に替えて初めて、人生は豊かなものになるのです。**

どんな生活、どんな生き方を「楽しい」「豊か」と思うかは、人それぞれです。たとえば、「老後もゆるやかなペースで仕事を続けて、社会と関わり続けたい」という人もいれば、「今までとは違う仕事やボランティアにチャレンジしたい」「大学や地域講座で学びたい」「今まで行ったことのない場所に旅行に行きたい」「きれいな庭で花に囲まれた生活がしたい」などという人もいるでしょう。なかには「人のためになることをしたい」「学びを深めたい」という人もいるかもしれません。

もちろん、自分以外の人のために働いたり学んだりするのはすばらしいことですが、**そんなに好きではないことや、あまりやりたくないことを、がんばってやる必要はありません。**逆に人から見て「くだらない」と思われたとしても、**本当に好きなことがあるなら、それに邁進できる人生こそが、「豊かな人生」です。**

今すぐに「やりたいこと」が思い浮かばない人は、今あなたが「好きなこと」「楽しいこと」について、考えてみましょう。「イラストを描くのが好き」「ライブに行くのが好き」「旅行が好き」「コーヒーが好き」など、何でもかまいません。

では、その楽しみをもっと大きくする、もっと充実させるにはどうすればいいでしょうか。イラストを描くのが好きなら、それをまとめて冊子にしてみたり、コーヒーが好きなら喫茶店めぐりをしたりコーヒーのいれ方を習ったりするのも楽しいかもしれません。そんなふうに、**「好き」「楽しい」をもっと充実させるプランを立てていけば、この先の人生はおのずと豊かなものになっていくはずです。**

お金を稼ぐ道を増やそう

風水では、収入源がひとつなら金運もひとつ、収入源が2つになれば、金運も2倍になると考えます。これは収入額が多くても少なくても同じこと。お金が入ってくる道がたくさんあればあるほど、運も増えていきます。ぜひ、今あるメイン収入とは別に、もうひとつ収入源をつくるプランを立ててください。

「副業なんて無理」と思うかもしれませんが、何も今すぐ始める必要はありません。大事なのは、「道をつくっておく」こと。これは年を取ってからのリスクヘッジとしても有効です。もし、今のメイン収入が突然途絶えたとしても、もうひとつ稼ぐ手段があるかないかで、その後の金運は大きく変わってくるでしょう。

日本では、お金を稼ぐ方法を考えることは「がめつい」「お金にガツガツしている」

などと思われがち。でも、**お金は自分を求めてくれる人のところに集まってくるもの。**金運のいい人がお金に好かれるのは、いつ、どんな状況になってもお金を稼ぐ方法を考えるクセがついているからです。

では、どうすればお金を稼ぐ方法を思いつくことができるのでしょうか。

ヒントは、あなた自身の中にあります。

たとえば、手作りのアクセサリーや服を売る、スキルを生かして人に教える仕事をする、副業を始める、有料のブログを書くなど、誰でも何かしら「できること」があるはずです。髪がきれいなグレーヘアなら、それを保つ方法を発信するのもひとつの方法。料理が得意なら会員制の料理教室を開いたりレシピを発表したりすることもできるでしょう。**自分の持っているスキル、特技、資産、人脈など、持ち物すべてを棚卸しして、そこから道が開けないか考えてみましょう。**

さらに、そのために人脈づくりが必要なら、有益なつながりをもたらしてくれそうな人に会ってみる、スキルを磨く、資格を取る、必要な書類を取り寄せるなど、できる範囲でいいので行動を。思いきって移住するなど、住む場所を変えるのもひとつの方法です。**行動することで、周りの環境もあなたの望む方向に向かって動き始めます。**

子どもに遺産は残さない

60代、70代になると、この先を見据えて、「自分が今住んでいる家やこれまでの人生で築いた財産などを、子どもに残したい」と考える人が増えてきます。でも風水的には、それはあまりおすすめできません。

もちろん、1円も残さず使いきらなければならないわけではありません。残さないつもりであっても結果的にそうなってしまうこともあるでしょうし、何かあったときのためのリスクヘッジとしてある程度のお金を残しておくことは必要かもしれません。しかし、「子孫に受け継がせたいから」「子どものために」という考え方はもたないようにしましょう。ましてや、**「お金を残したいがために、今の自分の生活を切り詰める」などということは絶対にしてはいけません。**

そもそも、子どもや孫は、自分とは別の人間です。そしてどんな人間も、自分の運は自分でつくっていかなくてはなりません。親がすべきことは、その子が自立するために必要な教育、経験、知識などを与えること。お金や財産は、その子が自立したのちに、その子自身の力で手に入れるべきものです。お金や財産を与えるのは、子どもが自分でお金を生み出す力を奪ってしまうことになります。

財産を残してあげよう、受け継がせようなどという考えは、子どもにとって有益であるどころか、かえって害になります。そんな気持ちはすっぱりと捨て、**あなた自身が豊かで楽しい人生を送るためにお金を使ってください。**

COLUMN

思いがけず遺産を相続したときは?

親や親族が亡くなって、思いがけず遺産を相続することになった……ラッキーだと思うかもしれませんが、こういった臨時収入はギャンブルの当選金と同じ。お金と一緒に必ず金毒もついてきます。そんなときは、自分のもとに入ってくる金額のうち1割程度を募金する、寄付する、友だちにごちそうするなど、自分以外の人のために使いましょう。

老後のお金、一番のかけどころは「美容」「ファッション」

「この年になってお化粧したって、誰もほめてくれない」「今さら肌の手入れなんてしても仕方ない」などと思っていませんか？

年を重ねれば重ねるほど、「きれいでいること」の重要度は増していきます。 若いころのように肌や髪のツヤや滑らかさ、みずみずしさがあれば、メイクやスキンケアに手をかけなくてもきれいでいられますが、年をとったらそうはいきません。そして、年をとって「汚い」「みっともない」と他人に思われることこそ、運気を大きく下げる原因になるのです。

ですから、**シニアになったときこそ、スキンケア、ヘアケア、エステ、メイクなどにお金を使うべき。** 自分にお金をかけることは、自分の運気を高めることにもつながります。なかには「年をとってからそんなことにお金をかけるなんて無駄」と言う人もいるかもしれませんが、無駄かどうかを決めるのはあなた自身であって、その人ではないのですから、周囲の声は気にしないこと。

特に還暦を過ぎた人は、一度人生をリセットしているのですから、20歳からもう一度やり直すつもりで美容に投資しましょう。

ちなみにこれは男性でも同じです。男性の場合は、還暦を過ぎたら今まで持っていた服をいったんすべてリセットし、新しく生まれ変わったつもりで「おしゃれ」に力を入れてください。

また、**旅行やスポーツなど「動」の気をもつものにお金を使うのもおすすめです。**「動」の気をたくさん取り入れることは、若さを取り戻すことにつながるからです。

なお、子どもや孫にお小遣いやプレゼントをあげるなど、自分以外のためにお金を使うのは、それが幸せや充実感につながるなら悪いことではありませんが、「それしか使い道がない」のはＮＧ。

小さなことでもいいので、自分自身の充実や楽しみのためにもお金を使うようにしましょう。

エンディングノートはスタートノート

風水では、「終わること＝新たな始まりをつくること」と考えます。「自分の人生が終わることについて考えるのは嫌だ」と思うかもしれませんが、終わり（＝エンディング）について考えることは、むしろこれから始まる新しい人生を輝かせることにつながります。エンディングノートは、すなわちスタートノートなのです。

よく「エンディングノートっていつ書くもの？」と聞かれるのですが、**「書こうかな」と思ったら、そのときがベストタイミング。**

早く書き始めて悪いことはひとつもありませんし、遅くても遅すぎることはありません。強いて言うなら、60歳は人生が区切りを迎える節目の年なので、その年から書き始めるのはおすすめです。

一般的なエンディングノートには、自分の個人情報や資産、相続、親しい人の連絡先などについて書きますが、**風水的なエンディングノートに書くことは主に2つ。「自分の葬儀や供養について」と「自分のこれまでの人生について」です。**

風水では、葬儀というセレモニーは、その人の魂の行く先を決めると言われています。自分が満足できるような**葬儀のスタイル、遺影にどの写真を使うか、誰を葬儀に呼んでほしいかなど、自分なりに考えて書いてみましょう。**埋葬や供養の方法についても、子孫の負担を考慮しつつ、自分が希望するやり方を書いておきます。

また、**生前、自分がどのような人間であったか、どんな思い出があったかも書いておきましょう。**若いころの自分のことは家族も知らないかもしれませんし、自分の心にしかなかった思いは、ここで残しておかなければ誰にも伝わりません。

これまでの人生を振り返って、何を考えてどう生きてきたのかを書き残しておきましょう。

「死」について考えるのは、今の生をよりよくするため。自分で自分の「終わり」を決めることによって「死」のもつ陰の気が「陽」に転じ、今生きている自分の「生」がより輝かしく、充実したものになっていくのです。

運の重しになる古いものは処分を

最近よく言われる「終活」は、まさに自分の「終わり」を考える行動。終活を機に自分の持ち物や環境を見直してみるのは、風水的にも開運行動といえます。

特に減らしたほうがいいのは、「古いもの」。今現在使っている、活用しているならいいのですが、そうでないものを残しておくと**運が重くなり、人生も重たくなってしまいます。**昔の服やアクセサリー、器、鍋、キッチン用品など、整理する機会もなく、しまい込んでいるだけのものもあるのではないでしょうか。納戸や衣装箱などにしまい込まれていて、実物を見なければ何があったか思い出せないようなものは、基本的に処分してOK。家具も古いものは処分し、今の自分に合うものに買い替えましょう。

「いいものなのでもったいない」「思い出のあるものだから捨てたくない」という場

合は、フリマに出す、リユースショップに買い取りに出すなどの方法もあります。

もったいないからといって、**使わないものをただ持っているのは、死体を家に置いておくのと同じこと。**誰かほかの人に活用してもらえば新たな生を得られ、元の持ち主であるあなたの運にもその生気が返ってきます。

昔のジュエリーなども同じ。重たい金のネックレスなどは、今後つける予定がないなら換金するのもおすすめです。気に入っているけれどデザインが古くさいアクセサリー類は、リフォームするのもひとつの方法です。どうしてもそのまま手元に置いておきたいなら、自分の死後譲りたい相手を決めて、エンディングノートに書いておきましょう。

Q

頼る身内がいない「おひとりさま」です。老後を見据えてどんな過ごし方をすればいい？

A

おひとりさまだからといって、悲観的になる必要はありません。今を楽しく生き、楽しく死ぬことがいちばん大切です。

最後まで楽しく生きるためにも、エンディングノートは必ず書いて。

老後のプランも今から具体的に立てておきましょう。
「健康だったら」「介護が必要になったら」など、複数のルートを考え、できる範囲でリサーチしておくことをおすすめします。

そのうえで、今をできるだけ楽しく生きて。自分が好きなこと、楽しいと感じることのためにお金を使い、人生を充実させていきましょう。

第6章

お金が集まる家づくりのコツ

自分の家を好きになろう

あなたや、あなたの家族が暮らす家は、**金運を生み出すベースであり、外から持ち帰ってきた運をためておく場所、いわば「運の貯金箱」です。**

自分が住んでいる空間をいつもきれいに整え、居心地よくしておけば、普通に生活しているだけで、「運の貯金」が増え、知らず知らずのうちに運がよくなっていきます。逆に、家が散らかり放題の人は、どんなにおしゃれをして着飾り、家の外で開運行動に精を出しても、取ってきた運が定着しないので、やがて運が尽きてしまいます。

豊かさを手に入れたいなら、まず自分の住空間を心地よいものにすることから始めましょう。

一番のポイントは、あなた自身が家を好きになること。

たとえば家族の病気や事故など、何かトラブルが起こったときに、「この家に住んでから悪いことばかり起こる」などと、家のせいにする人がいますが、そんな態度で暮らしている人が、家から運を得られるわけがありません。

「この家が好き」と思い、心を込めて手入れや掃除をし、もっと居心地よくするにはどうすればいいか考えて工夫する……そんな暮らしをしていれば、家もあなたに運を返してくれるでしょう。

「運のいい家」とは、自然にそこに「ある」ものではなく、誰かがつくってくれるものでもありません。**あなたと家が一緒になってつくり上げていくものなのです。**

「運のいい家」＝「気の循環」のいい家

運のいい家というと、方位や間取りを気にする人が多いようです。でも、その家の運のよさは、方位や間取りで決まるものではありません。一番のポイントになるのは、「気の循環」がスムーズかどうかです。

風水では、**運を上げてくれるよい気のことを「旺気」（おうき）、反対に運気を落とす悪い気のことを「煞気」（さっき）と呼びます。**

この2種類の気はどちらも玄関から入ってきますが、どちらの気もある程度時間がたつと生命力が衰え、死んでしまいます（これらを「衰気《すいき》」「煞衰気《さっすいき》」と呼びます）。

これらの「死んだ気」は通常、窓やキッチンから出ていきますが、家の中の風通しが悪いと、気が動かないので、家の中にどんどんたまっていってしまいます。

また、気は人が動くことによって流れるので、動線が悪いと気の流れがあちこちで途切れ、循環が滞りやすくなります。

人数に対して部屋数が多すぎる家も要注意。家の中に人があまり出入りしないスペースがあると、そこに煞気がたまります。広い家＝運のいい家というわけではないのです。

人間の体は、代謝が落ちて悪いものが排出されなくなると病気になりますが、家も同じです。

どんなに間取りや方位に気を配っても、家の中に死んだ気がたまっている家は気が循環しないため運の悪い家となります。

「死んだ気」をスムーズに排出し、また新たな旺気を呼び込む、そんな気の循環サイクルが働いている家こそが、「運のいい家」なのです。

COLUMN

「三角形」には気をつけて

三角形は、風水では死を表すモチーフです。たとえば敷地や建物の形の関係で、屋根裏やベランダが三角形になっていたり、階段の踊り場や窓が三角形だったりすることがあります。家にそういうスペースがあるなら、布でカバーするか、観葉植物やライトなどを置き、陽の気を補いましょう。

ポイントは「風」と「日光」

運のいい家とは、気がスムーズに循環する家のこと。そのためになくてはならないのが、「風」と「日光」です。

風の通り道はそのまま気の通り道になるため、風通しが悪いと気がスムーズに流れず、死んだ気がたまりやすくなります。これから家を借りたり買ったりする予定がある人は、必ず家の中に風が通るかどうかを確認しましょう。

花粉症などで普段は窓を開けられない人もいるかもしれませんが、たとえ実際に風を通すことがなくても、風の通り道がきちんと確保されていることが重要です。もちろん、**可能であれば1日1回は窓を開けて風を通したほうがいいですが、それが難しい場合は、サーキュレーターなどを活用して空気の循環を促しましょう。**

もうひとつのポイントは日光です。太陽の気がたっぷり入る明るい空間は、陽の気に満ち、よい気が入ってきやすくなります。日当たりのよさは窓の向きだけでなく、周囲の環境によっても違ってくるので、これから家を買う、もしくは借りる予定のある人は、**必ず「実際に部屋に太陽の光が差し込むかどうか」を確認するようにしましょう。**

なお、今住んでいる家の日当たりがよくないという人も、工夫次第で明るさを取り入れることができます。**照明器具を取り替える、電球をより明るいものに替える、特に暗い場所にはサブライトを置くなど、**できる範囲で明るさを補っていきましょう。

持ち家と賃貸、どちらがいいの？

家が与えてくれる運は、**持ち家でも賃貸でも同じです。**

たとえ賃貸であっても、その家に愛情を注ぎ、環境を整えて心地よく暮らしている人は、その家からたくさんの運をもらえます。持ち家にこだわる必要はまったくありません。

ただし、持ち家の人と賃貸の人では、**もらえる運の「中身」が少し違います。**その土地にどっしり根を下ろして定住する「持ち家」の場合、そこに住んでいる人は自分の土地からたっぷりと「土」の気をもらえます。家を整え、家具やインテリアを居心地よく工夫することで「土」の気がより豊かになり、お金も増えていきます。

一方、賃貸住まいの人は、土地が自分のものではないので、「土」の気は弱めです。

その半面、土地に縛られることなく自由に動けることから「循環」の気が強く、投資や買い物などお金を回すことで新しい豊かさをつくり出すことができます。

日本人はひとつの土地に定住し、その土地から実りを得るという農耕民族的なライフスタイルが源流にあるためか、固定の家や土地にこだわる人が多いようですが、**持ち家と賃貸、どちらにもそれぞれのよさがあり、優劣はありません。**

自分のライフスタイルや生き方に合うほうを選んでください。

COLUMN

中古物件は必ず水回りのリフォームを

マンションや一戸建ての中古物件を購入する場合は、入居前に内装や設備のリフォームをする人が多いと思いますが、そのときに必ずやっておいてほしいのがお風呂やトイレ、洗面所など、水回りのリフォーム。家の水回りには、前の住人の金運が溶け込んでいます。水回りをそのまま使うと、その人の金運を引き継ぐことになってしまうので、ほかの部分のリフォームを後回しにしてでも、入居前に設備を一新しておきましょう。

家や土地探しは「心が上向いているとき」に

家や土地は、自分の心身のコンディションがいいときに選ぶ（買う）のが鉄則。風水には「同質結集」という法則があり、心がマイナスの方向を向いているときに土地や家を探すと、自分と同じようにマイナスの気を発している土地や家と波長が合ってしまうためです。

それに加えて、家はお金を生み出すベースになるもの。**心が上向いているときに選べば、その家からは「生み出す」「貯める」気を強く受けられますが、心の状態がマイナスのときに家を選ぶと、お金を消耗する気、失う気が強くなってしまいます。**

また、家を買う＝住環境を丸ごと変えるということは、環境における大きな変化。風水ではよい変化はよい運を呼び込むと考えられているので、結婚や出産、昇進など、身辺によい変化が起こったタイミングで買うと、より上に向かう気が強まり、運気アップの追い風になります。

ただし、妊娠中や家族に病人がいるときは、変化の気が悪い方向に働くこともあるので気をつけて。出産を機に家を買おうと考えているなら、無事に子どもが生まれてから買うことをおすすめします。

なお、**家を買うときにローンを組む場合は、できるだけ長期のローンを組みましょう。**ローン＝借金なので、できるだけ短期で返済したほうがよいと思うかもしれませんが、毎月の支払いが負担になることのほうが金運的にはマイナス。くれぐれも返済のために家計を切り詰めるようなことはしないでください。

COLUMN

家探しは「朝・昼・夜」の顔を見定めて

土地にはいろいろな「顔」があり、時間帯によって見せる顔が違うので、時間帯を変えて何度か見に行きましょう。立地条件や間取りが申し分なくても、周囲に空き家が多くすさんだ雰囲気だったり、すれ違う住民がギスギスして冷たい感じだったりする場合は、いったん見送って。マンションなどの集合住宅は、共有部分がきちんと整備されているか、住民の暮らしぶりが豊かそう、楽しそうに見えるかも要チェック。

拠点を増やすと地盤も増える

コロナ禍でリモートワークが広く認められるようになってからというもの、「どこに住むか」という選択肢がグンと広がったように感じます。都会を離れて自然豊かな土地に移り住む地方移住や、２カ所に家をもち、行き来しながら暮らす2拠点生活など、今までとは違う暮らし方を選ぶ人も増えてきました。

土地は居住することで自分の地盤になります。ですから、**複数の拠点（居住する場所）をもつことは、地盤を増やすのと同じこと。**これは持ち家でも賃貸でも同じです。ベースが増えれば、それだけお金も増えやすくなり、金運的にもプラスになります。

もちろん、拠点を複数もつことで移動に時間やお金がかかる、家を管理、維持する経費が倍になるなど、デメリットもあるでしょう。でも、どんな暮らしを豊かで幸せだと感じるかは、その人によって違います。

世の中のスタンダードからは外れていたとしても、そのライフスタイルが自分に合っている、そうやって暮らすことが自分にとっての「豊かさ」なのだと思えるなら、ぜひやってみて。

固定観念に縛られていると、「金」の気が押しつぶされ、豊かさを生み出せなくなってしまいます。

自分にとっての「豊かな暮らし」とはどんな暮らしなのかをよく考え、それを実現するために最適の方法を選んでいきましょう。

COLUMN

「あえて古い家に住む」なら入居前に手を入れて

新築のマンション価格が高騰するなか、古い団地やマンションをリフォームするなど、「あえて古い家に住む」人が増えているようです。もちろん、それもひとつの選択肢。ただ、家は建ててから20年経つと、運を生み出せなくなるということも知っておいてください。

つまり、築年数が古い家はそのままでは運を生み出す場所にはならないのです。もし、築20年以上の家に住むなら、必ず住む前に間取りを変更する、床や壁を張り替えるなど、どこかに手を入れるようにしましょう。

スマートホーム化で「金運を生み出す家」にする

スマートスピーカーやスマート家電、どれくらい取り入れていますか？

「使い方がよく分からない」「セッティングが面倒くさそう」などと二の足を踏んでいる人も多いかもしれませんが、**スマートホーム化は金運を生み出す家にするためにはとても有効な手段です。**

生活が便利になるということは、これまで感じていた不便さやストレスが減るということ。それによって気の滞りがなくなるので、家の中の気の循環がよくなります。また、時間にも心にもゆとりができるので、**家中に豊かさが満ち、自然にお金が増えやすい環境になっていくのです。**

どこから取り入れるかは、あなた次第。スマートスピーカーやスマートテレビから始めてもいいですし、掃除の手間を省きたいならロボット掃除機から取り入れてみるのもおすすめです。家の鍵をなくしがちな人は、スマホでロック解除ができるシステムを導入するなど、自分や家族にとって「便利そう」「いいかも」と思うものから始めてみてください。

これまで当たり前だと思っていた不便さがなくなるだけで、心がグンと豊かになりますよ。

「使っていないもの」は今すぐ手放しを

たとえば、3年以上袖を通していない服、「いつかフリマに出そう」と思いながら半年以上置いてあるブランド品のバッグや靴、引き出物やプレゼントでもらったけれど好みに合わない食器など、家の中を見渡すとたくさんの「使っていない／いらないもの」がありませんか？　運を上げたいなら、まずそれらを一掃しましょう。

「まだ使えるのにもったいない」「高かったのに」などと思うかもしれませんが、本当に「まだ使える」なら、今すぐ活用すればいいこと。活用していない＝あなたにとっては必要ない、ということなのです。また、**購入したときの価格がどんなに高かったとしても、しまい込んであるだけなら、それはゴミと同じ。ただ持っていても運気的には何のプラスにもならないどころか、新たにやってくるはずの運の妨げになるだけ**

です。

風水では、使わないものは命のない状態、すなわち死んだものと考えます。死んだものには「陰」の気が宿りますから、「使っていないもの」がたくさん置いてある空間は、どんどん煞気《さっき》や衰気《すいき》がたまり、気の代謝が落ちていきます。これでは、まるでゴミ置き場で暮らしているようなもの。そこにいくら運がよくなるようなアイテムを置いても、効果が上がるはずがありません。

「まだ使える」「いつか使うかも」は、「使っていない」ことの言い訳にすぎないこと、その決まり文句が自分の運を下げていることに気づきましょう。そして、**今すぐ、いらないものを手放して。それだけで気の代謝がよくなり、新たな運が入ってきやすくなります。**

COLUMN

こんなモノは今すぐ処分しよう

●3年以上身につけていない服や靴 ●「いつかフリマに出そう」と思いながら、半年以上置いてあるもの ●「高かった」「ブランド品」という理由だけでとってあるもの ●古びて汚れているもの、壊れているもの ●引き出物やプレゼントでもらったけれど気に入らなかったもの ●使う機会のない食器

ミニマリストだと金運は上がらない？

不用品をたくさんため込んで運を落としている人とは正反対に、家がスッキリと片付いているのに運が上がらない人もいます。家具や持ち物をとことん減らし、必要最小限のモノだけで暮らす「ミニマリスト」というライフスタイルを実践している人が、そういう状態になりやすいです。

ミニマリスト的な暮らしの最大のメリットは、不要なものをため込まないので、よい運が入ってきやすくなること。また、持ち物や家具が少なければ収納のストレスも減りますし、掃除がしやすくなって空間が清浄になります。これらも運気的にはとてもいいことです。ただし、それだけでは金運アップは望めません。**豊かさとは、「なくてもいいけれど、あると心が豊かになるもの」に集まってくるものだからです。**

もし、あなたがミニマリスト的なライフスタイルを実践していて、「部屋はスッキリ片付いているのに、今ひとつ満たされないのはなぜだろう」と思っているなら、**何かひとつでもいいので、季節の雑貨やクッション、絵などを置いてみましょう。**お気に入りのポストカードを額に入れて飾ってもいいですし、クリスマスが近づいたらアドベントカレンダーやツリーを置くのも効果的です。雑貨の選び方や飾り方に自信がないなら、花を１輪買ってきて、花瓶に挿しておくだけでもＯＫです。

スッキリと片付いた空間は、すでに風水的にはかなり高水準。そこにこういった「補充」のアイテムをプラスするだけで、豊かさがどんどん増えていくはずです。

COLUMN

飾り椅子で空間を豊かに

ダイニングチェアとは別に、アンティークチェアやデザイナーズチェアのようなおしゃれな椅子を1脚置いてみましょう。地盤を強化し、お金を逃さず囲い込む力、そして新たなお金を生み出してくれる力があります。気に入ったデザインならリーズナブルなものでOKです。

ライフスタイルが変わったら家も変えていく

たとえば「ここは子ども部屋」「テレビはここに置く」などと、部屋の使い方や家具の置き方は、一度決めるとずっとそのままになりがちです。でも、本来、家の中のスペースをどう使うかは住む人の自由ですし、一度決めたからといってずっとその通りにする必要はありません。

よく、成人して家を出た子どもの部屋をそのまま残している人がいますが、そうすると家の中に「使っていない空間」があることになり、そこに陰の気がたまってしまいます。子どもが家を出たら、その部屋はシアタールームやクローゼットルームなど、違う形で活用しましょう。うまく使いこなせないなら、壁を取り払ってほかの部屋とつなげてしまうなど、リフォームするのもひとつの手。子どもが帰省したときに困るという人もいるかもしれませんが、そのときだけ空いているスペースで寝起きさせれば済むこと。**家はそのとき住んでいる人のためのもので、家を離れた人のスペースを常時確保しておく必要はありません。**

また、年をとって同居家族が減ると、大きなテーブルやソファは必要ないと感じることも。そんなときは、今までの家具をいったん処分し、1人暮らしに合う手頃なサイズの家具を新調するのもおすすめです。ライフスタイルや家族の形が変わったら、家の形も見直しましょう。同じインテリア、同じ家具でずっと暮らし続ける人より、**今の自分や家族に合わせて柔軟に家を変えていける人のほうが、お金に困らない人生を送れます。**

COLUMN

子ども時代の家具は買い替えを

家具は決して一生ものではありません。生活が変わったら、それに合わせて家具も買い替えて。「実家を出たら買い替えよう」「いつか広い部屋に引っ越したら」などと考えているだけでは運は変わりません。子どものころに親が買いそろえてくれた家具をそのまま使い続けている人は、学習机を処分してコーヒーテーブルと1人用のソファを買うなど、少しずつ「今の自分」に合うインテリアに替えていきましょう。

スペースごとの開運ポイント 1

キッチン

食材管理に気を配り、「火」と「水」をケンカさせない環境づくりを

キッチンは、「火」と「水」という相反する気が存在する場所。金毒は「火」と「水」の狭間に生じるので、この2種類の気が混じり合わないように気を配りましょう。

キッチンの中で「火」の気をもつのはガスコンロ、電子レンジなどの調理家電。一方、シンク（水まわり）や冷蔵庫は「水」に属します。この2種類はなるべく離れた場所に配置して。特に冷蔵庫の上に電子レンジを置くのはNGです。どうしてもそこしか置けない場合は、間に厚さ4センチ以上ある板などを挟んで気を中和して。

食材収納にも同様の配慮を。オリーブ油などの食用油は「火」なので、シンク下に置くのはNG。根菜類や米などの食材も「水」の力で生命力がかき消されてしまうので、別の場所に置きましょう。「水」の気をもつミネラルウォーターや料理酒、調理器具類はシンク下でOKです。

金運アップPOINT

POINT 1 除菌はマスト

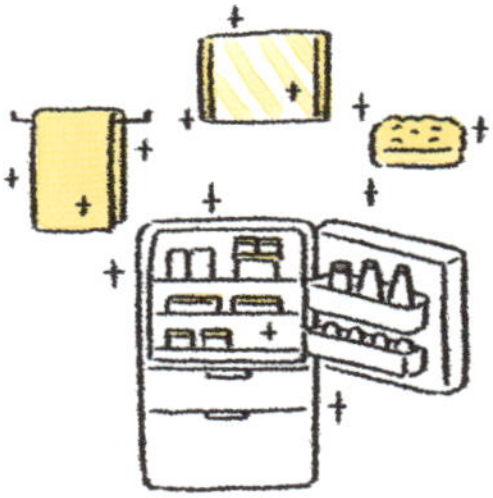

「菌」は、金運にとって最大の敵。布巾や手ふきタオルは使うごとに取り替えて洗濯を。スポンジもこまめに交換して。冷蔵庫の中も定期的に掃除、除菌して清潔に。

POINT 2 使わない鍋、道具は処分

キッチンに余計なものが置いてあると金運がダウンします。使わない鍋や調理道具、必要数以上のカトラリーや皿などは処分して。

POINT 3 食品を無駄にしない

食材を無駄にするのはお金を捨てるのと同じこと。安売りだからと安易に買いだめせず、賞味期限内に食べきれる分だけ買う習慣を。

スペースごとの開運ポイント 2

水まわり（トイレ、洗面所、バスルーム）

ジメジメ、不潔はNG！
余分な水気を残さず、
いつも清潔に

風水では、「『金』の気は『水』で増える」と言われます。トイレやバスルームといった「水」の気をもつ場所は、お金を増やしてくれる大切な場所です。その半面、水まわりが不潔だと淀んだ「金」の気が増殖してしまうので気をつけましょう。

特にバスルームは菌が発生しやすい場所なので、乾燥と除菌に気を配って。入浴後は浴槽のお湯を早めに抜き、床や壁の水気をしっかり乾かしましょう。時間差で入浴する場合も、6時間以上経ったら一度お湯を入れ替えて。残り湯には汚れや悪い気がたまっているので、洗濯に使うのは避けましょう。

また、トイレは家の中で最も水毒（水から生じる毒）がたまりやすい場所。水毒がたまると、金運だけでなく、健康運や恋愛運などさまざまな運気がダメージを受けるので、トイレ掃除はこまめにし、いつも清潔にしておきましょう。

金運アップPOINT

POINT 1 入浴の残り湯で洗濯しない

残り湯で洗濯をすると、お湯に溶け込んだ悪い気がそのまま衣類に移ってしまいます。毎日身につけるものだからこそ、きれいな水で洗って。

POINT 2 トイレは掃除と消臭を徹底して

トイレの臭いは金毒を増殖させるもと。芳香剤でごまかさず、消臭剤で元から絶って。汚れた気は下にたまるので、掃除は必ず床から。

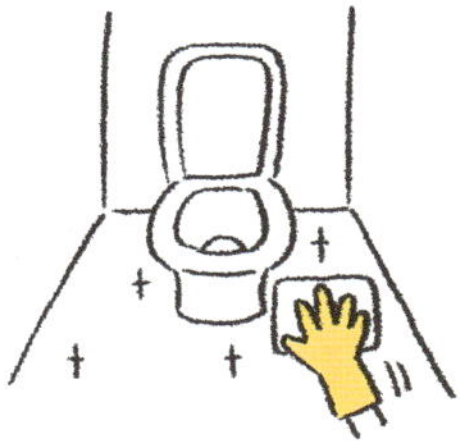

POINT 3 使用後のタオルはすぐ洗濯

湿ったタオルは雑菌の温床に。使ったらその都度洗濯するか、浴室乾燥機などで完全に乾かしてから使いましょう。

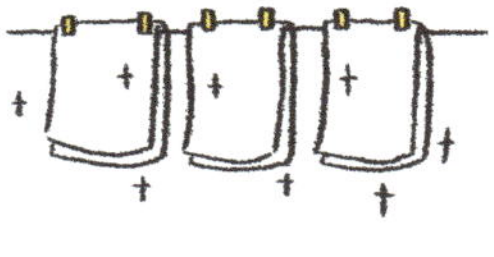

スペースごとの開運ポイント 3

寝室

スッキリした空間で
運の再生を促して。
重点ポイントは
「朝一番に目に入る場所」

寝室は、気を浄化して再生させる場所。人は寝ている間にその日にためた悪い運を流し、新たな運気を吸収しながら、運を再生させ、定着させていきます。寝室が乱雑だと、その気が寝ている間に体に入ってきてしまうので、余計なものは置かないこと。クローゼットなどの収納家具は扉付きにし、寝るときは扉を閉めておきましょう。

スマホやタブレット、パソコンなどは「火」の気をもつアイテムなので、眠る30分前には手元から離して。寝ている間は足元か、ベッドから離れた場所に置きましょう。枕元やベッドヘッドの棚など、頭の近くに置くと金運が燃えてしまいます。

ベッドサイドには、丸いものや柔らかいもの、甘い香りのものなど「金」の気をもつアイテムを置いておきましょう。起きたときに目に入る場所をきれいに整え、花やグリーンを飾っておくことも大切です。

金運アップPOINT

POINT 1 ベッドサイドに「金」のアイテムを

花の写真や丸いクッション、柔らかい手触りのもの、甘い香りのアロマキャンドルなどをベッドの横に。

POINT 2 眠る30分前になったらスマホをオフに

スマホやタブレットなどは眠る30分前には操作をやめ、ベッドから遠い場所、もしくは別室に置く習慣づけを。

POINT 3 朝一番に目に入る場所に花かグリーンを

人は、朝、起きたときに目に入るものの運気を吸収します。いつも目に入る場所はきれいに整え、1輪でもいいので花かグリーンを飾って。

スペースごとの開運ポイント 4

収納スペース

収納のゴールは「しまう」ことではなく「使う」こと。本当に必要なものだけを取り出しやすく

押し入れ、クローゼット、チェスト、食器棚、物置などの収納スペースは、「その家にこれから訪れるお金」をためておくための場所です。

最も重要なポイントは、「取り出しやすさ」。見た目にはきちんと収まっているようでも、いざ使おうと思ったときにどこにあるか分からなかったり、すぐに取り出せなかったりするようでは意味がありません。文房具や衣類、ストック食材など、頻繁に出し入れするものはもちろんのこと、季節家電や旅行グッズなど、たまにしか使わないものも、必要なときにすぐ取り出せる状態にしておきましょう。

また、「使う予定はないけれど、とりあえずとっておこう」はNG。収納するのは、実際に使っているもの、本当に必要なものだけです。また、すべてのものに置き場所をつくり、「使ったらそこにしまう」という習慣をつけることも大切です。

金運アップPOINT

POINT 1 全てのものに定位置を

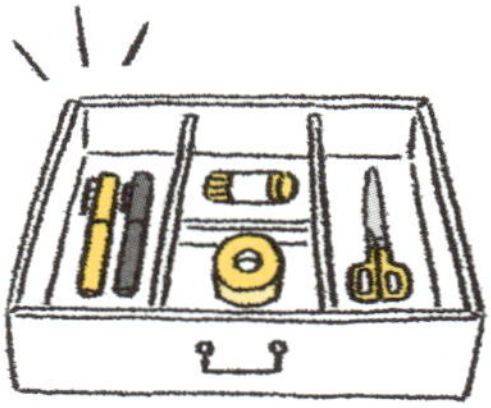

たとえペン1本でも、「迷子」をつくらないことが大切。全てのものに定位置をつくり、「使ったあとはその場所に戻す」習慣づけを。

POINT 2 「取り出しやすさ」こそが「運のよさ」

「面倒くさい」「出しづらい」といったストレスを感じる収納は金運ダウンのもと。取り出しやすい収納方法にアップデートを。

POINT 3 使わないものを収納しておかない

不用品ばかり入っている収納スペースには、新たな運が入ってきません。運の循環を促すためにも、いらないもの、使わないものは処分して。

スペースごとの開運ポイント 5

暗い場所

光を補い、こまめに掃除を。
空間を清浄に保つことで、
「水」の気も清浄に

窓がない部屋や日当たりの悪い部屋、廊下の隅、納戸や物置など、光が届かない暗い場所は、「水」の気をもつスペース。

こういった場所にゴミやホコリがたまっていると、「水」の気が悪い方向に作用しやすくなります。

廊下の隅など、照明の光が届かなくて何となく暗い場所には、サブライトを置いて明るくしましょう。ＬＥＤの小さなフットライトなどを常時点灯させておくのもおすすめです。

そのうえで、できるだけこまめに掃除をして空間の気を清浄に保って。掃除のあとは空間浄化（１８４ページ参照）をすると、より効果的です。

金運アップPOINT

POINT 1

こまめな掃除で清浄に

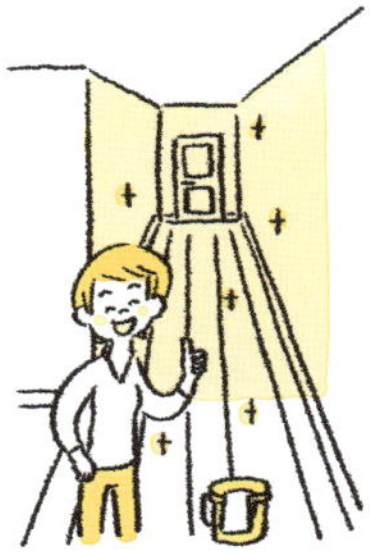

暗い場所にゴミやホコリがたまると、そこが悪い気のたまり場になってしまいます。暗い場所ほど清浄に保つ努力を。

POINT 2

照明を工夫して明るさアップ

電球を明るいものにする、サブライトやフットライトを置くなどして、明るくするのも◎。

POINT 3

定期的に空間浄化を

定期的にお香の煙で空間浄化を。掃除をしたあとで浄化すると、清浄な気をより長く保てます。

空間浄化の方法

POINT 1 小皿にお香を立て、部屋の四隅に置く

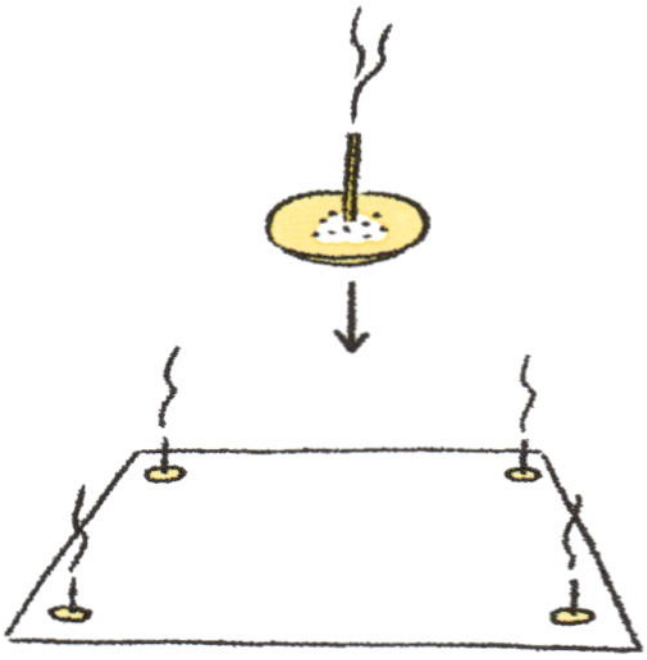

4枚の小皿にそれぞれ塩を盛り、お香または線香を1本（もしくは奇数本）立てる。お香はシトラス系、またはユーカリなどグリーン系のものを。お香を焚き、部屋の四隅に置く。テレビや電化製品のスイッチを切って部屋のドアを閉め、窓を少しだけ開けて部屋の中央に立つ。

POINT 2 空気を切る（9回）

自分が何となく気になる方向を向いて立ち、人差し指と中指をそろえて刀のように振り下ろす。この動作を9回繰り返す。

POINT 3 小皿を回収する

部屋から出て、お香が燃え尽きるころ（15〜20分後）に戻り、皿を回収して残った塩を水に流す。皿は食事用の皿とは別にして、食器棚の上など高いところに収納を。

坐《ざ》山《ざん》について

●坐山は家の性質を表すもの

家は、人と同じようにひとつひとつ違う性質をもっています。その性質を表すのが、「坐山」と呼ばれる家の方位。各方位には、北なら「水」、西なら「金」というように、それぞれ異なる運気があります（190〜193ページ参照）。その運気に沿った色使いやテイストでインテリアを整え、方位のもつパワーを引き出すことが、運のいい家をつくる最大のポイント。家が伸びやかにパワーを発揮できる状態にしてあげることで、その家に住む人も多くの気を受けられるようになるからです。

●「いい坐山」「悪い坐山」はありません

各坐山の間に優劣はなく、従って「坐山が○○だから運がいい／悪い」ということもありません。たとえば、西は「金」の方位ですが、西坐山＝金運のいい家というわけではありません。確かに西坐山の家は、方位のパワーをよい方向に発揮させることができれば金運に恵まれやすくなりますが、それができなかった場合、逆にお金が出ていきやすい家になってしまいます。これはどの方位でも同じで、坐山の性質を生かして運のいい家をつくれるかどうかは、その家に住む人次第なのです。

●坐山にとらわれず、自分らしい空間に

坐山はあくまでも「基本」。インテリアのテイストやメインカラー、家具の素材や形など、ベースの部分以外は好みに合わせてアレンジしてかまいません。坐山にとらわれすぎず、自分や家族が心地よく過ごせる空間をつくっていきましょう。

坐山の割り出し方

1 間取り図から家の中心点を出す

家の間取り図を用意し、家の四隅を対角線で結びます。2本の対角線が交差した点が家の中心です。ただし、ベランダや庭は「家」には含まれません。また、家の形が真四角でない場合、全体に対して出っ張っている部分が3分の1以上なら「欠け」、3分の1未満なら「張り」と見なします（下図参照）。「欠け」がある場合は欠けている部分を補充してから、「張り」の場合は張っている部分を切り取ってから中心を出しましょう。

2 方位を割り出し、間取り図に書き入れる

水平にした手のひらに方位磁石をのせ、家の中心に立ちます。

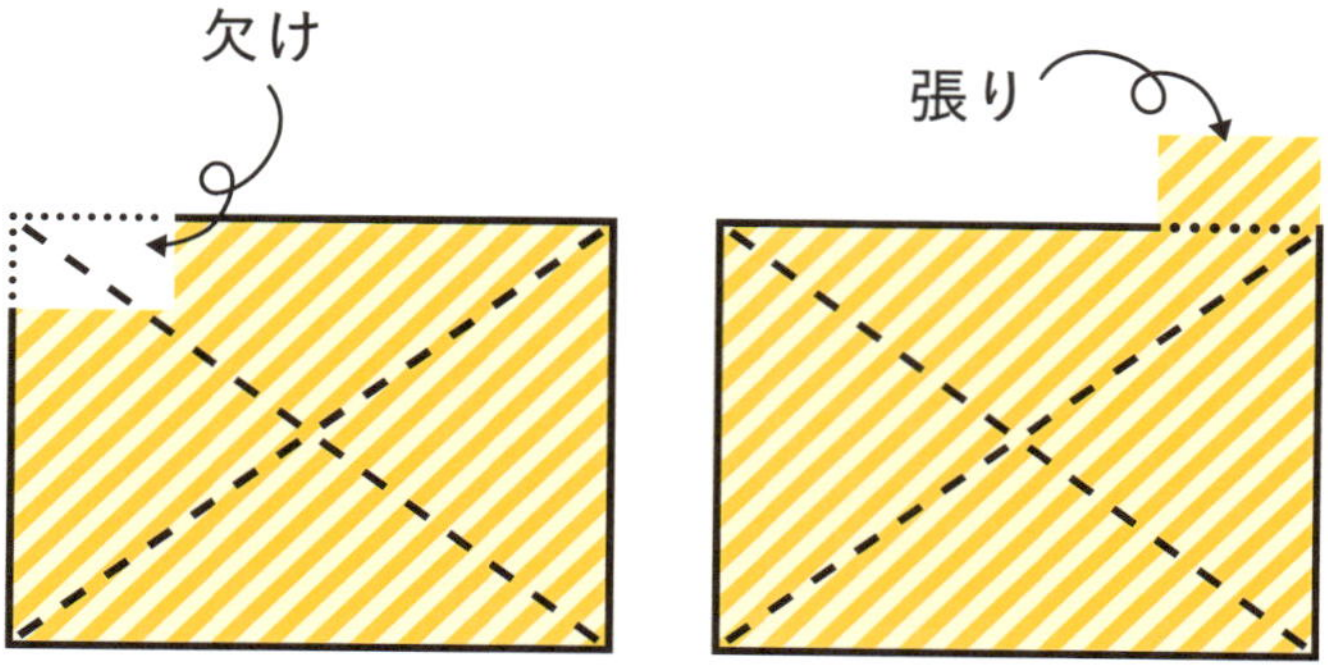

このとき、電化製品が稼働していると電磁波の影響で磁石が狂いやすいので気をつけて。事前に電化製品のスイッチを切り、窓を開けて換気しておくと正確に測れます。まず、真北を確認し、そこを基点にほかの方位を割り出して間取り図に書き入れます。ちなみに風水では、地図上の真北ではなく、「磁北」が基準になるので、方位の線を引くときに間違えないようにしてください。

3 坐山を割り出す

方位を割り出したら、玄関ドアのついている壁をひとつの「面」と考え、その面と向かい合っている壁に注目してください。この壁の中心点が位置する方位、それがあなたの家の坐山になります。

坐山を割り出すときに気をつけてほしいこと

坐山を割り出すときによくある間違いは、「玄関ドアの対角にある方位＝坐山」だと思ってしまうこと。

確かに、次ページ図2のように玄関のドアと反対側の壁の中心点が、家の中心を挟んでまっすぐ向き合っている場合はその通りなのですが、図1のように、玄関ドアが壁の端についている場合は違います。この図では、ドアの反対側にある壁は、家の中心から見て東南から南西まで含んでいますが、中心点は南に位置していますから、坐山は南です。さらに、この図では玄関ドアは北西についていますが、仮にドアが北東についていたとしても、坐山はやはり南です。

玄関ドアの方位にとらわれて、坐山を勘違いしないようにくれぐれも気をつけてください。

こんな場合の坐山は？

図1

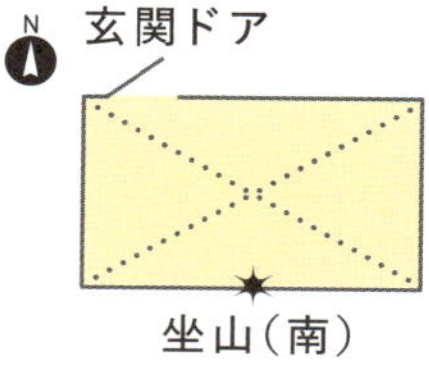

玄関ドアが北西についている場合

玄関ドアの対角にあたる方位は東南ですが、向かい側の壁の中心点は南。したがって、坐山は東南ではなく、南です。

図2

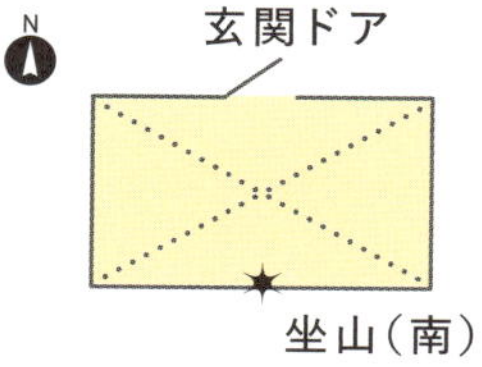

玄関ドアが壁の中心にある場合

対峙する方位がそのまま坐山になります。この場合は南が坐山。

図3

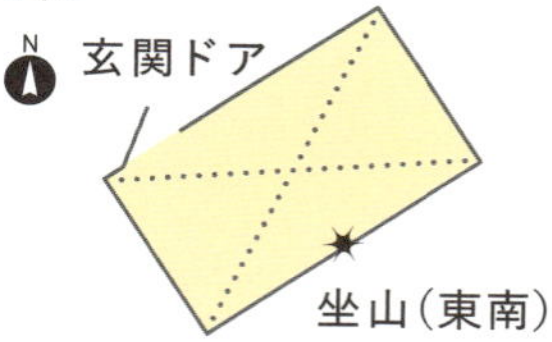

家が真北に対して傾いている場合

家がどの方角に向いていても、割り出し方は同じです。この場合は、東南が坐山。仮に玄関ドアが壁の反対側の端（北）についていても、坐山は同じです。

図4

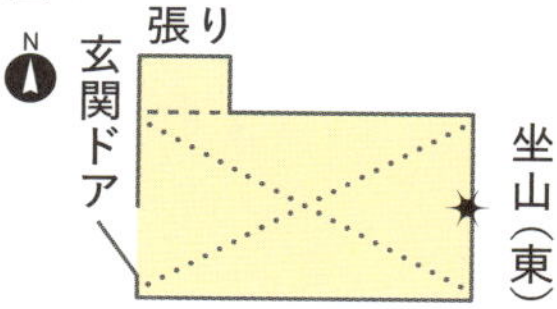

家が真四角でない場合

この家は「張り」があるため、「張り」の部分を切り取ってから家の中心を出します。玄関ドアの向かい側の壁は、北東から東南まで含んでいますが、中心点は東ですから、坐山は東となります。

24方位から見る坐山の性質

風水初心者の方向けのインテリア風水では、方位を北、北東、東、東南、南、南西、西、北西の8つに分けていますが、厳密に言うと同じ「北」でも、北東寄りの北と、北西寄りの北では、性質が異なります。

そのため、本書では、8方位のそれぞれを3つに分けた24方位を使って坐山の性質をご説明します。

坐山を割り出すときにうっかり隣の坐山と間違えると、せっかくインテリアを整えても効果がないばかりか、かえって逆効果になることもあるので、きちんと正確に測ることが大切です。

北

「水」の方位。湿気やカビなどの悪い「水」の気があると運気が落ちるので、水まわりはこまめに掃除をしていつも清潔に。

ラッキーアイテム

曲線状のアイテム、サブライト、レース

カラー

女性だけの空間ならピンク系。
男性と共有の空間はグリーン系かクリーム系をメインに。

壬山《みずのえざん》

北 337.6度〜352.5度

「財」を増やす性質があります。水まわりをとことん清浄にすることが運気アップのカギ。浄水器を導入するのもおすすめです。

子山《ねざん》

北 352.6度〜7.5度

喜びごとを増やしてくれます。家の中の暗い場所をきちんと掃除し、上手に活用して。暗い場所に天然石を置くのも効果的。

癸山《みずのとざん》

北 7.6度〜22.5度

喜びごとや豊かさを増やし、容姿を美しくしてくれます。バスルームと洗面所の鏡をきれいにし、バラなど華やかな花を飾って。

北東

「土」の方位。「高い山」という象意をもつため、「高低差」が運気アップのカギ。空間を清浄に保ち、収納スペースを整えて。

ラッキーアイテム

空気洗浄機、スクエア型のもの、白い陶器

カラー

白をベースに、赤、ブラウン、オレンジなどのサブカラーを8対2の割合で組み合わせて。

丑山《うしざん》

北東 22.6度〜37.5度

「ため込む」運気の強い方位。貯蓄について考えると運気アップ。ものをため込むと逆に運気が落ちるので、積極的に断捨離を。

艮山《ごんざん》

北東 37.6度〜52.5度

「変化」と「再生」の運気をもつ方位。空間を清浄にすると変化が起こりやすいので空気清浄機を設置し、玄関は毎日水ぶきして。

寅山《とらざん》

北東 52.6度〜67.5度

激しい変化を意味する方位。キッチン、特にガス台まわりをピカピカにし、インテリアに白いタイルや陶製の花器を取り入れて。

東

「木」の方位。金運アップのカギは「数」。流行に敏感になることも大切。オーディオなど音のするものにこだわるのもラッキー。

ラッキーアイテム
オルゴール、時計、フォトフレーム、星モチーフ

カラー
ペールブルーやライトグリーンをメインに、赤をアクセントカラーとして取り入れて。

甲山《きのえざん》

東 67.6度〜82.5度

水まわり、特にトイレはこまめに掃除をして清潔な状態を保って。家の中に使わないスペースがあるとお金が流れやすくなるので注意。

卯山《うざん》

東 82.6度〜97.5度

成功と繁栄をもたらしてくれる方位。グリーンや花など生気のあるものを置いて。本や雑誌など古い紙類をため込むと運気ダウン。

乙山《きのとざん》

東 97.6度〜112.5度

特別な技芸や技術が財をもたらすので、モダンなデザインの伝統工芸品をインテリアに取り入れて。雑貨をディスプレイするのも◎。

東南

「木」の方位。風通しをよくすることで運気が上がります。空間によい香りを漂わせることも大切。悪臭は徹底的にブロックして。

ラッキーアイテム
アロマグッズ、お香、香水瓶、リボン、花モチーフ

カラー
オレンジとミントグリーンの組み合わせがベスト。

辰山《たつざん》

東南 112.6度〜127.5度

「時」の運気をため込みやすいので、空間の風通しをよくして気の循環を促して。部屋に遊び心を取り入れると楽しい運気がたまります。

巽山《そんざん》

東南 127.6度〜142.5度

学力や文章力、想像力を与えてくれます。火毒の影響を受けやすいので、パソコンや電子レンジなど電化製品まわりのほこりに注意して。

巳山《みざん》

東南 142.6度〜157.5度

豊かさをもたらす「食禄」の方位。食材の管理を徹底して賞味期限切れや食材のため込みに注意。新しいメニューに挑戦するのも◎。

南

「火」の方位。悪い「火」の気をもつプラスチック製品はできるだけ排除し、木製のものや陶器を積極的に取り入れましょう。

ラッキーアイテム
クリスタル雑貨、タイルを使ったインテリア、キャンドル

カラー
ライムグリーンをメインカラーに、白、ベージュなどを組み合わせて。

丙山《ひのえざん》
南 157.6度〜172.5度

ステータスやグレードを高めてくれる方位。インテリアもグレード感を意識して。器や雑貨もこだわりをもって選びましょう。

午山《うまざん》
南 172.6度〜187.5度

照明に気を配り、空間を明るくして。暗い場所にはサブライトをつける、夜はフットライトをつけるなど、真っ暗にしない工夫を。

丁山《ひのとざん》
南 187.6度〜202.5度

健康、長寿、安心を与えてくれる方位。目につきやすいところに季節の花をたっぷりと生け、おしゃれな雑貨を飾って。

南西

「土」の方位。背の低い家具を選び、床掃除は丹念に。和風やカントリー調など郷土色のあるインテリアもラッキー。

ラッキーアイテム
陶器、カゴ、郷土色のあるアイテム、収納グッズ

カラー
パステルイエローをメインに、ライムグリーン、コーラルピンク、ベージュなどを組み合わせて。

未山《ひつじざん》
南西 202.6度〜217.5度

「ため込む」運気の強い方位。クッションを置く、花を飾るなど、「＋α」のアイテムを取り入れるとお金が増えやすくなります。

坤山《こんざん》
南西 217.6度〜232.5度

ベースを強固にしてくれる方位。床が冷えると金運が落ちるので、ラグやホットカーペットなどで床を暖かく保ちましょう。

申山《さるざん》
南西 232.6度〜247.5度

人に喜びごとを与えてよい方向に導いてくれる方位。「水」を清浄に保ちたいので、お風呂の残り湯、花瓶の水などは早めに捨てて。

西

「金」の方位。お金の悪口や貧乏自慢は厳禁。花や遊び心のあるキッチングッズなど、「あったらいいな」と思うものを充実させて。

ラッキーアイテム
丸、楕円のもの、ふわふわした手触りのもの

カラー
ピンク、白、アイボリー、パステルイエローがおすすめ。

庚山《かのえざん》

西
247.6度～262.5度

責任感のある行動が財を呼び込むので、ルーズな生活はＮＧ。家の中のものには定位置をつくり、必ずその場所に戻すよう習慣づけて。

酉山《とりざん》

西
262.6度～277.5度

名声や高貴さ、財を表し、女性に恋愛や楽しみごとをもたらす性質も。肌触りのいいファブリック類を使い、丸いクッションを置くと金運アップ。

辛山《かのとざん》

西
277.6度～292.5度

英知をあらわす方位。ひとつのことを突き詰めることで才能が開花します。調味料やスパイスにこだわるとお金が集まってきます。

北西

「金」の方位。上品でグレード感のある空間づくりを。子どもがいてもおもちゃなどを出しっぱなしにせず、すっきりと品よく整えて。

ラッキーアイテム
クリスタル雑貨や銀製品、アンティーク風のもの

カラー
クリーム系をメインカラーに。女性だけの空間ならラベンダーピンクもおすすめ。

戌山《いぬざん》

北西
292.6度～307.5度

喜びごとを増やし、財をため込む性質をもつ方位。部屋の四隅から運が生じるので、四隅にホコリをためないようにして。

乾山《けんざん》

北西
307.6度～322.5度

権威や威厳を表す方位。ご先祖さまや目上の人を敬うと運気が上がるので、仏壇をきれいに掃除し、お盆にはお墓参りに行きましょう。

亥山《いざん》

北西
322.6度～337.5度

24方位を統《す》べる方位。家の中が片付いていないと運気ダウン。もの選びにこだわりをもち、統一感のあるインテリアを心がけて。

Q

狭い家なので持ち物を収めるだけでひと苦労。金運アップのポイントは？

A

① 扉付き収納でスッキリ見せる

モノが乱雑に置いてあるとそれだけで運が落ちるので、持ち物は床などに置きっぱなしにせず、きちんと収納しましょう。見せる収納と隠す収納を使い分け、実用的なものは徹底して隠す収納に。収納家具は壁と同色か近い色の扉付きのタイプを選ぶとスッキリ見えます。扉がミラーになっているものもおすすめ。

② 家具に統一感をもたせる

家具の素材や色を統一しましょう。子どものころから使っている家具をそのまま使っている人もいますが、1人暮らしを始めるときや引っ越しなど、ライフスタイルが変わるタイミングで、今の自分に合うものに買い替えを。

③ ＋αのアイテムを置く

ひとつでいいので、飾り椅子など遊び心のある家具を置くと、豊かさがアップ。スペース的に難しければ、クッションを置く、壁に絵を飾るなどでもOK。

第7章

今すぐ金運がほしいなら、旅行で運を取りに行く

旅行風水でスピーディーに運気アップ

旅行風水とは、自分が住んでいるエリア外の土地に出かけ、その土地の気を自分の中に取り込むことで運気アップをはかる開運術です。

旅行に出かけると、気分がリフレッシュしてたまった疲れが吹き飛んでいくように感じますよね。実はこれ、運にも同じことが起こっているのです。**旅先でよその土地の新しい気を取り込むと、滞っていたものが流れ出し、運の代謝がよくなります。**つまり、定期的に旅行に出かけている人は、そのたびに旅先の土地から運をもらってくるだけでなく、運の新陳代謝も高めているということになります。

また、旅行は「時間」をつかさどる「木」の気に属しているため、効果のあらわれ方がスピーディー。そのうえ、効果の出方が時間で予測できる（２００ページ「４・７・

10・13の法則」参照）ので、「狙った時期に運気アップする」ことも可能です。

COLUMN

旅行風水のポイント

❶ 自分にとって吉方位にあたる場所に出かける

吉方位とは、自分にとってよい運をもたらしてくれる方位のこと。吉方位は毎月変わるので、旅行の計画を立てるときは必ず214〜222ページの「九星別吉方位表」をチェックして。

❷ 目的地は「35km以上離れた場所」

自宅から35km圏内は「自分の土地」と見なされ、方位の気が働かないので注意して。また、旅行風水の効果は距離に比例するので、遠ければ遠いほど開運効果も大。

❸「数年に一度の大旅行」より「ときどき日帰り、たまに長期旅行」が◎

頻繁に長期の旅行に行けるならそれがベストですが、現実的には難しいもの。その場合は日帰りや1泊でいいので旅行の頻度を上げて。常に新しい運気を取り込んだほうが運の代謝アップに効果的です。

4・7・10・13の法則

吉方位に旅行に出かけると、その効果は4・7・10・13カ月目か、もしくはそれ以降に必ずあらわれます。これが「4・7・10・13の法則」です。

なお、この法則は「月」だけではなく、「日」「年」でも適用されます。つまり、旅行から4・7・10・13日目、4・7・10・13年目にも効果が表れるのです。ただし、「日」の場合は、「日盤」と呼ばれる方位盤に従い、よい日を選んで出かけなければならず、また効果の出方も小さいので、あまり気にしなくても問題ありません。

一方、「年」の場合は、効果が出るまでの時間が長い分、効果は絶大です。おすすめは、「月」の吉方位と「年」の吉方位が重なっているとき（214〜222ページの吉方位表の◎印）。このタイミングを狙って出かければ、「月」のパワーを実感しつつ、「年」

の効果が出るのを楽しみに待つことができます。

COLUMN

凶方位へ行くときの対処法

❶ 胸元を隠して出かける

❷ 方位に合った色を身につけて行く

❸ 旅先で温泉に入らない。どうしても入らざるを得ないときは、最後に水道水で全身を流してから上がる

❹ 自分の吉方位にのミネラルウォーターを持っていく

❺ 出発前か帰ったあとに、自分にとっての吉方位に出かけ、温泉に入る

❻ 中指に指輪をして出かける

❼ その方位が吉方位の人と一緒に行く

金運にこだわりすぎず、バランスよく

方位にはそれぞれ異なる運気があるので、旅行に出かけるときは、ほしい運気のある方位が吉方位のときに行くのが最も効果的です。

金運にかかわる方位は、北、北東、南西、北西、西の5つ（左ページのコラム参照）。

ただし、「金運がほしいから、この5つの方位以外には行かない」というのは考えもの。というのも、方位のもつ力は、お互いに引っ張り合うことでバランスを保っているため、特定の方位ばかり訪れていると運気のバランスが崩れ、かえって運気が上がりにくくなってしまうのです。**金運を上げたいなら、金運にかかわる方位に重点を置きつつ、ほかの方位にもバランスよく足を運ぶようにしましょう。**

また、「ほしいのは金運だけ」「ほかの運はどうでもいい」などという考え方もよくありません。ほしい運を意識することと自体はいいのですが、それが高じて執着心に変わってしまうと、運を受け入れる土台が狭まり、せっかく得られたはずの「金運以外の運」を吸収できなくなります。

運のよさというのは、トータルで考えるもの。

金運「だけ」がよくても、ほかの運がよくなければ、本当の意味で運のいい人にはなれません。金運に力を入れつつも、ほかの運もバランスよく吸収するよう心がけましょう。

COLUMN

金運アップに効く5つの方位

北 「水」の方位。この方位に行ったあとで「金」の方位に行くと、「金」の方位だけに行くより金運アップ効果が高まります（効果の持続期間は4〜5年）。

北東 「ためる」運気をもつ方位。大きな財を得たい人、貯蓄運、投資運を上げたい人におすすめ。

南西 お金を貯めるスペースを広げてくれる方位。一度行っておくと、あとで「金」の方位に出かけたときに、効果が生きていきます。

北西 家運につながるほどの大きな財を手にしたい人は、ぜひこの方位へ。

西 「金」の方位。お金や楽しみごと、充実感など、あらゆる豊かさを与えてくれる方位。特に現金運アップに効果的。

開運効果が20倍になる「三合金局」

「三合金局《さんごうきんきょく》」とは、旅行風水の上級テクニックである「三合法」のひとつです。「三合法」とは、互いに引き合う作用をもつ3つの方位をまわることで、その3方位が磁石のように引っ張り合って相乗効果を生み出し、**1カ所だけの吉方位旅行に比べると、開運効果が20倍になるという、とっておきの開運術です。**

これを実践するためには、全方位を12方位に分け、それぞれに干支を割り振った方位盤（左ページ参照）が必要です。12方位のなかで「金」の気をもっているのは、巳、酉、丑。この3つの方位を3年以内にまわって三角形をつくれば三合金局の完成です。

なお、必ずその方位が吉方位のときに行くこと、3年以内に3方位をまわりきることが絶対条件です。三合法を実践しながら、合間にほかの方位に出かけてもＯＫです。

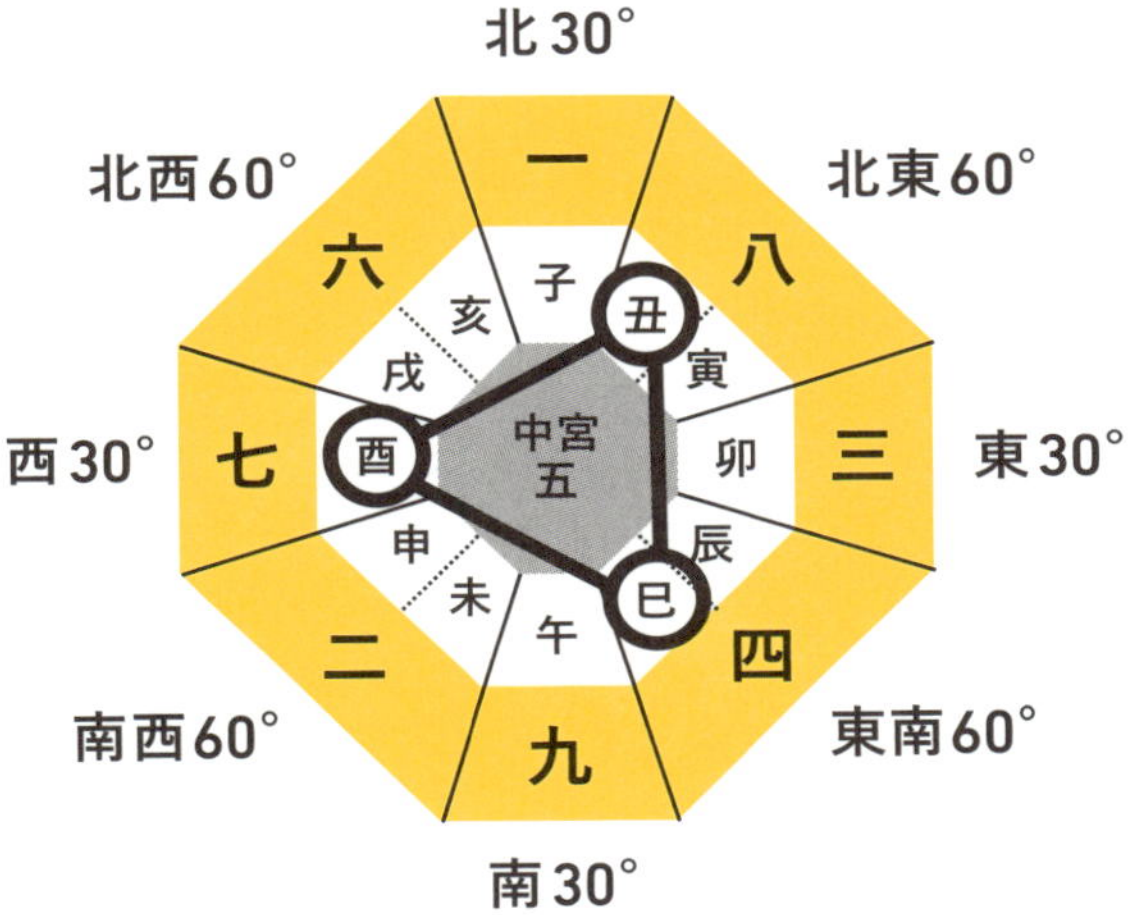

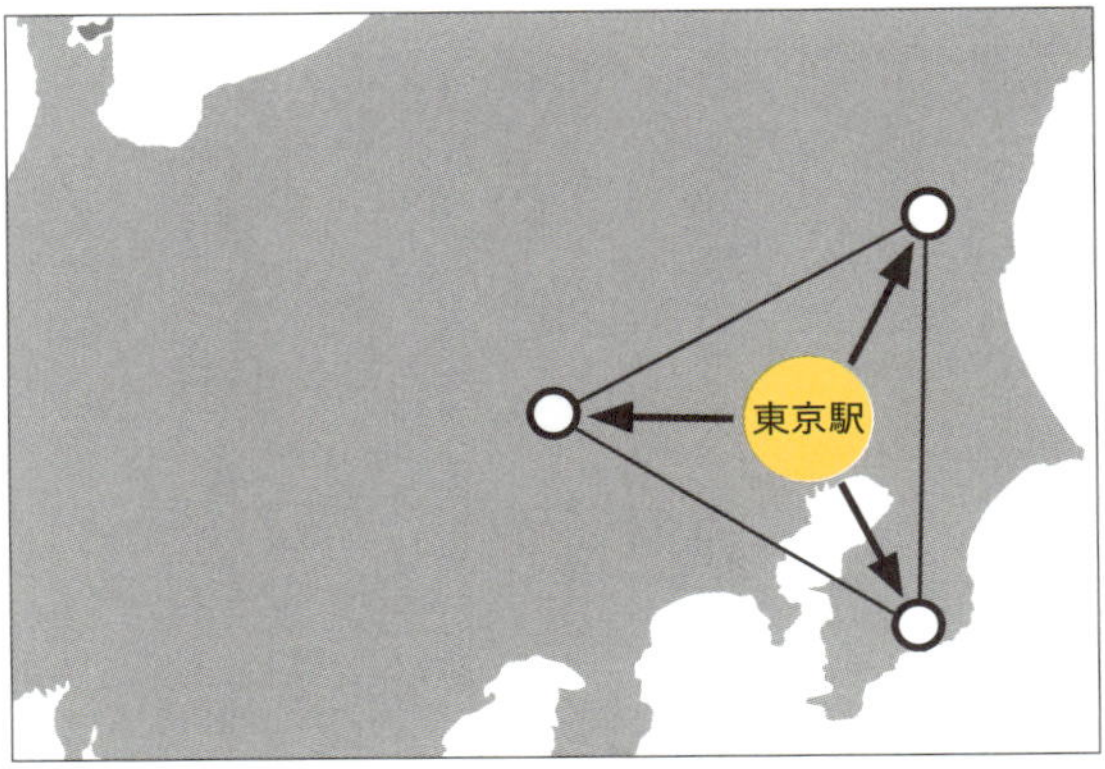

東京駅を起点にした三合金局の例（実際に出かける場合は自宅のある場所を起点にしてください）。距離は多少不均等になっても問題ありませんが、方位がずれると効果がなくなるので気をつけて。

旅のキーワードは「おいしい」「楽しい」「充実」

せっかく吉方位に旅行しても、慌ただしくスケジュールをこなすだけの旅では金運は上がりません。

金運はゆとりや充実感から生まれるもの。観光や街歩きももちろんいいですが、エステやスパでリラックスする、ご当地スイーツを食べるなど、**充実感を味わえることをプランに組み込んでおくと、金運アップ効果がグンと上がります。**予算にゆとりがあれば、最後の日だけは奮発して高いホテルに泊まってみる、有名料亭のランチを食べるなど、ちょっとした贅沢をしてみるのもおすすめです。

「金」の気は「水」の気にふれると増えやすくなるので、湖や川、噴水のある公園などに行くのも効果的です。近くに温泉があるならぜひ立ち寄って。なお、同じ水でも、海は「火」の気なので、金運旅行では避けたほうが無難です。

また、**旅行中は「食」を大切に。**「北陸にカニを食べに行く」「宇和島の鯛飯を食べる」などのグルメ旅もラッキーですし、たこ焼きやうどん、ラーメン、ソフトクリームなど、旅先での食べ歩きを楽しむのもおすすめ。「適当に入った店の食事がおいしくなかった」などということがないよう、ノープランの旅でも食に関するプランだけはきちんと立てておきましょう。

ちなみに、旅行は誰かと行ってももちろんいいですし、1人旅でも全く問題ありません。最近では、おひとり様に特化したバスツアーなども増えていますから、旅慣れていない人、1人では心細いという人は、そういったものに参加するところから始めるのもおすすめです。

回数は少なくても充実度の高い旅行を

勘違いする人も少なくないのですが、お金をかけて贅沢な旅行をすれば金運が上がるわけではありません。**旅行で金運を上げるためにいちばん大切なのは、旅を「楽しむ」こと。**

「楽しかった」「充実した」「豊かな気持ちになった」と感じることで、運が豊かになっていくのです。

ですから、「旅行のために節約する」なんてもってのほか。生活を切り詰めたお金で贅沢をしても、運気は決して豊かにはなりません。年に何回も旅行に行くのが難しいなら、１年に１回でもいいので、「充実した！」「楽しかった」と思えるような旅をしましょう。

シーズンオフで宿泊費が下がるタイミングを狙う、あえて少し遠い場所に宿をとる、民宿や素泊まりタイプの宿に泊まるなど、工夫次第で「安くて充実する旅」は実現可能です。近場なら日帰りやデイキャンプという手も。

大切なのは、旅にいくらお金をかけたか、ではなく、どれだけ充実できる旅をしたか、です。

電車やバスで近場の温泉に出かけて、人気のラーメン屋さんでラーメンを食べて帰ってくる、そんなプチ旅でも自分が満足できればＯＫ。**ぜひ自分のできる範囲で旅を楽しんでください。**

Q

旅行に行けない場合の代替策はありますか？

A

ケガや病気で体の自由がきかなかったり、介護やケアを必要とする家族がいたりして、旅行に行きたくても行けない……そういう人は、旅行の代わりに、吉方位にあたる土地のおいしいものをお取り寄せして食べましょう。

おすすめはお米や日本酒。日本人にとってベースの食材であるお米は、ほかの食材に比べて方位の気を受けやすいのです。また、日本酒は「水」の気をもつ飲み物。人間の体は約70％が水分でできているので、吉方位の「水」を取り込むことは体を構成する細胞を入れ替えることにつながります。

お酒が飲めない人はその土地で採水されたミネラルウォーターでもOKです。

そのほか、フルーツや地ワインなども金運アップに効果的。和より洋のもののほうが強い「風」の気を得られます。

旅行に行くならまずチェック！

本命星表

子どものための月命星表

吉方位表

2025－2030

吉方位表は、生年月日から割り出す本命星で調べます。年や月で吉方位が変わるため、旅行に出かけるときは、必ず自分の吉方位をチェックしましょう。なお、小学生まで（満13歳未満）のお子さんの場合は、基本的に213ページの月命星を使うことをおすすめしています。というのも、子どもが本命星を使って旅行風水を実行すると、効果が表れるのが13歳以降になってしまうため。もちろん、即効性を求めず、「大人になるまで運をためておきたい」という場合は、本命星を使うのも効果的です。

一白水星	二黒土星	三碧木星	四緑木星	五黄土星	六白金星	七赤金星	八白土星	九紫火星
昭和20年 1945年	昭和19年 1944年	昭和18年 1943年	昭和17年 1942年	昭和16年 1941年	昭和24年 1949年	昭和23年 1948年	昭和22年 1947年	昭和21年 1946年
昭和29年 1954年	昭和28年 1953年	昭和27年 1952年	昭和26年 1951年	昭和25年 1950年	昭和33年 1958年	昭和32年 1957年	昭和31年 1956年	昭和30年 1955年
昭和38年 1963年	昭和37年 1962年	昭和36年 1961年	昭和35年 1960年	昭和34年 1959年	昭和42年 1967年	昭和41年 1966年	昭和40年 1965年	昭和39年 1964年
昭和47年 1972年	昭和46年 1971年	昭和45年 1970年	昭和44年 1969年	昭和43年 1968年	昭和51年 1976年	昭和50年 1975年	昭和49年 1974年	昭和48年 1973年
昭和56年 1981年	昭和55年 1980年	昭和54年 1979年	昭和53年 1978年	昭和52年 1977年	昭和60年 1985年	昭和59年 1984年	昭和58年 1983年	昭和57年 1982年
平成2年 1990年	平成元年 1989年	昭和63年 1988年	昭和62年 1987年	昭和61年 1986年	平成6年 1994年	平成5年 1993年	平成4年 1992年	平成3年 1991年
平成11年 1999年	平成10年 1998年	平成9年 1997年	平成8年 1996年	平成7年 1995年	平成15年 2003年	平成14年 2002年	平成13年 2001年	平成12年 2000年
平成20年 2008年	平成19年 2007年	平成18年 2006年	平成17年 2005年	平成16年 2004年	平成24年 2012年	平成23年 2011年	平成22年 2010年	平成21年 2009年

※1月1日から節分（2月3日か4日）までに生まれた方は前年の九星になります。
例えば、昭和46年1月28日生まれの人は「三碧木星」、
昭和46年2月10日生まれの人は「二黒土星」になります。
※子ども（満13歳未満）は次ページの月命星表を参考に、生年月日で確認しましょう。

	一白水星	二黒土星	三碧木星	四緑木星	五黄土星	六白金星	七赤金星	八白土星	九紫火星
平成25年 2013年	3/5～	2/4～	1/5～						
	12/7～	11/7～	10/8～	9/7～	8/7～	7/7～	6/5～	5/5～	4/5～
平成26年 2014年	9/8～	8/7～	7/7～	6/6～	5/5～	4/5～	3/6～	2/4～	1/5～
							12/7～	11/7～	10/8～
平成27年 2015年	6/6～	5/6～	4/5～	3/6～	2/4～	1/6～			
				12/7～	11/8～	10/8～	9/8～	8/8～	7/7～
平成28年 2016年	3/5～	2/4～	1/6～						
	12/7～	11/7～	10/8～	9/7～	8/7～	7/7～	6/5～	5/5～	4/4～
平成29年 2017年	9/7～	8/7～	7/7～	6/5～	5/5～	4/4～	3/5～	2/4～	1/5～
							12/7～	11/7～	10/8～
平成30年 2018年	6/6～	5/5～	4/5～	3/6～	2/4～	1/5～			
				12/7～	11/7～	10/8～	9/8～	8/7～	7/7～
平成31年 令和元年 2019年	3/6～	2/4～	1/6～						
	12/7～	11/8～	10/8～	9/8～	8/8～	7/7～	6/6～	5/6～	4/5～
令和2年 2020年	9/7～	8/7～	7/7～	6/5～	5/5～	4/4～	3/5～	2/4～	1/6～
							12/7～	11/7～	10/8～
令和3年 2021	6/5～	5/5～	4/4～	3/5～	2/3～	1/5～	9/7～	8/7～	7/7～
				12/7～	11/7～	10/8～			
令和4年 2022	3/5～	2/4～	1/5～						
	12/7～	11/7～	10/8～	9/8～	8/7～	7/7～	6/6～	5/5～	4/5～
令和5年 2023年	9/8～	8/8～	7/7～	6/6～	5/6～	4/5～	3/6～	2/4～	1/6～
							12/7～	11/8～	10/8～
令和6年 2024年	6/5～	5/5～	4/4～	3/5～	2/4～	1/6～	9/7～	8/7～	7/6～
				12/7～	11/7～	10/8～			
令和7年 2025年	3/5～	2/3～	1/5～						
	12/7～	11/7～	10/8～	9/7～	8/7～	7/7～	6/5～	5/5～	4/4～

＊次ページからの方位別の吉凶の見方

◎…月と年の両方で効果が表れる
☽…月で効果が表れる
★…年で効果が表れる
▲……大きな効果は期待できない方位
無印…マイナス作用が強いので行ってはいけない方位

☽は月の吉方位で4・7・10・13カ月目に効果が表れます。
★は年の吉方位で4・7・10・13年目に効果は表れますが、長く強く作用します。

一白水星

2025

	北	北東	東	東南	南	南西	西	北西
1月	▲	◎		▲	◎			
2月	◎		▲		◎		◎	
3月			▲					
4月			☽				★	
5月	◎				◎			
6月					★			
7月			☽				★	
8月			☽				◎	
9月	★				★		◎	
10月	★				◎			
11月	◎		▲		◎		◎	
12月			▲				◎	

2026

	北	北東	東	東南	南	南西	西	北西
1月			☽				★	
2月				☽				▲
3月				☽				▲
4月		★	☽			◎	★	
5月		★	☽	☽		★	◎	
6月			▲				◎	
7月				▲		★		☽
8月			▲				◎	
9月		◎		▲		◎	◎	▲
10月		◎	☽			◎	★	
11月								▲
12月				☽				▲

2027

	北	北東	東	東南	南	南西	西	北西
1月		★	☽				★	
2月			◎				☽	
3月			★					
4月						★		
5月			★				☽	
6月			★			◎	☽	
7月			◎			◎	▲	
8月								
9月								
10月			◎			◎	▲	
11月			◎			★	☽	
12月			★				☽	

2028

	北	北東	東	東南	南	南西	西	北西
1月								
2月	◎				◎			
3月				★				▲
4月								
5月	◎			◎	◎			
6月				◎	★			▲
7月								
8月				◎				☽
9月	★				★			
10月	★				◎			☽
11月	◎				◎			
12月				★				▲

2029

	北	北東	東	東南	南	南西	西	北西
1月								
2月	◎			◎	☽			▲
3月	◎			◎	▲			▲
4月								
5月				◎				
6月					▲			
7月	★			★	☽			☽
8月	◎				☽			
9月				★				▲
10月								
11月	◎				☽			▲
12月	◎			◎				▲

2030

	北	北東	東	東南	南	南西	西	北西
1月								
2月		▲	◎				☽	
3月			★					
4月		☽				★		
5月			★				☽	
6月		☽	★			◎	☽	
7月			◎			◎	▲	
8月								
9月								
10月		▲	◎			◎	▲	
11月		▲	◎			★	☽	
12月			★				☽	

二黒土星

2025

	北	北東	東	東南	南	南西	西	北西
1月	◎	◎			◎			
2月	◎		◎	▲	◎		▲	
3月			◎					
4月				☽				
5月	★		◎	☽	★		▲	
6月				☽				
7月			★				☽	
8月	★		★	▲	◎		☽	
9月	◎				◎			
10月	◎				◎			
11月	◎		◎		◎		▲	
12月			◎				▲	

2026

	北	北東	東	東南	南	南西	西	北西
1月				☽				
2月			◎				▲	
3月		▲				★		
4月		☽	★			★	☽	
5月			★				☽	
6月		☽				★		
7月						◎		
8月			◎				▲	
9月		▲				◎	▲	
10月		▲				◎		
11月			◎				▲	
12月		▲				★		

2027

	北	北東	東	東南	南	南西	西	北西
1月		☽	★				☽	
2月				★				☽
3月						★		
4月						◎		
5月				★				
6月						◎		
7月				◎		◎		▲
8月				◎				☽
9月				◎		★		☽
10月						★		
11月								☽
12月						★		

2028

	北	北東	東	東南	南	南西	西	北西
1月								
2月	☽		◎	★	☽		▲	★
3月			◎					
4月				◎				
5月	▲		◎	◎	▲		▲	
6月				◎				◎
7月			★				☽	
8月	▲		★	★	☽		☽	◎
9月	☽				☽			
10月	☽				☽			
11月	☽		◎		☽		▲	★
12月			◎				▲	

2029

	北	北東	東	東南	南	南西	西	北西
1月				◎				★
2月				◎				◎
3月		▲		◎		▲		◎
4月		☽				▲		
5月				★				
6月		☽				▲		
7月						☽		
8月				★				★
9月		▲				☽		
10月		▲				☽		★
11月								◎
12月		▲		◎		▲		◎

2030

	北	北東	東	東南	南	南西	西	北西
1月		☽						
2月			▲				◎	
3月		◎				▲		
4月		◎				☽		
5月			☽				★	
6月		★	☽			☽	★	
7月						☽		
8月			☽				★	
9月		★				▲		
10月		◎	▲			▲	◎	
11月			▲				◎	
12月		◎				▲		

◎：大吉方位　★：年の吉方位　☽：月の吉方位　▲：大きな効果は期待できない方位　無印：凶方位

三碧木星

2025

	北	北東	東	東南	南	南西	西	北西
1月	▲	▲		▲	▲			
2月	▲		◎		▲		◎	
3月								
4月			★				★	
5月			★				◎	
6月								
7月	▲		◎		☽		★	
8月	☽				☽			
9月	☽				▲		★	
10月	▲				▲			
11月	▲		◎		▲		◎	
12月								

2026

	北	北東	東	東南	南	南西	西	北西
1月			★				★	
2月				★				☽
3月		◎		★		☽		▲
4月								
5月		★		◎		▲		
6月		★				☽		
7月				★		☽		☽
8月								
9月		◎		◎		▲		▲
10月								☽
11月								☽
12月		◎		★		☽		▲

2027

	北	北東	東	東南	南	南西	西	北西
1月								
2月				☽				★
3月			▲					
4月				▲				
5月			☽				☽	
6月				☽				★
7月			▲	▲			▲	◎
8月			▲	▲			☽	◎
9月				▲				★
10月			☽				▲	
11月								★
12月			▲				▲	

2028

	北	北東	東	東南	南	南西	西	北西
1月				▲				◎
2月			☽				◎	
3月				☽				★
4月			▲	▲			★	
5月			▲	▲			◎	
6月				▲				★
7月			☽				★	
8月				☽				★
9月							★	
10月								◎
11月			☽				◎	
12月				☽				★

2029

	北	北東	東	東南	南	南西	西	北西
1月			▲	▲			★	◎
2月				▲				☽
3月		◎		▲		◎		▲
4月								
5月		★		☽		★		
6月		★				◎		
7月				▲		◎		☽
8月								
9月		◎		☽		★		▲
10月								☽
11月								☽
12月		◎		▲		◎		▲

2030

	北	北東	東	東南	南	南西	西	北西
1月								
2月	☽				◎			
3月	☽		★		★			
4月	▲				★			
5月	▲		◎		★		☽	
6月								
7月			★				▲	
8月			★				☽	
9月								
10月	▲		◎		◎		▲	
11月	☽				◎			
12月	☽		★				▲	

四緑木星

2025

	北	北東	東	東南	南	南西	西	北西
1月	▲	▲			▲			
2月	▲			◎	▲			
3月				◎				
4月				★				
5月				★				
6月				★	▲			
7月	▲				☽			
8月	☽				☽			
9月	☽				▲			
10月	▲				▲			
11月	▲				▲			
12月				◎				

2026

	北	北東	東	東南	南	南西	西	北西
1月				★				
2月			▲	★			◎	☽
3月				★				▲
4月								
5月			☽				★	
6月			▲				★	
7月								
8月				◎				☽
9月				◎			◎	▲
10月			▲				★	☽
11月			▲				◎	☽
12月				★				▲

2027

	北	北東	東	東南	南	南西	西	北西
1月								
2月			☽				▲	
3月			▲			☽		
4月						☽		
5月				☽				
6月			▲	☽			☽	★
7月			▲	▲		▲	▲	◎
8月			▲	▲			☽	◎
9月				▲				★
10月						☽		
11月			☽			▲	▲	
12月			▲			☽	▲	

2028

	北	北東	東	東南	南	南西	西	北西
1月								
2月				☽				◎
3月			▲	☽				★
4月			▲	▲			★	
5月			▲	▲			◎	
6月				▲				★
7月								
8月			☽				★	
9月							★	
10月								
11月								◎
12月			▲	☽			◎	★

2029

	北	北東	東	東南	南	南西	西	北西
1月			▲	▲			★	◎
2月				▲				☽
3月	◎			▲	▲			▲
4月	★				☽			
5月	◎				☽			
6月					▲			
7月	★				▲			
8月	★			☽	▲			☽
9月				☽				▲
10月								☽
11月								☽
12月	◎			▲				▲

2030

	北	北東	東	東南	南	南西	西	北西
1月	★				☽			
2月	☽	★			◎			
3月	☽	★			★	◎		
4月	▲	★			★	◎		
5月	▲				★			
6月								
7月						★		
8月								
9月	☽				★			
10月	▲	◎			◎	◎		
11月	☽	★			◎	★		
12月	☽	★				◎		

◎：大吉方位　★：年の吉方位　☽：月の吉方位　▲：大きな効果は期待できない方位　無印：凶方位

五黄土星

2025

	北	北東	東	東南	南	南西	西	北西
1月	◎	◎		◎	◎			
2月	◎		◎	▲	◎		▲	
3月			◎	☽				
4月			◎	☽			☽	
5月	★		◎	☽	★		▲	
6月				☽	◎			
7月	◎		★		★		☽	
8月	★		★	▲	◎		☽	
9月	◎				◎		☽	
10月	◎				◎			
11月	◎		◎		◎		▲	
12月			◎	☽			▲	

2026

	北	北東	東	東南	南	南西	西	北西
1月			◎	☽			☽	
2月			◎	◎			▲	◎
3月		▲		◎		★		◎
4月		☽	★			★	☽	
5月		☽	★	★		◎	☽	
6月		☽	◎			★	☽	
7月				◎		◎		★
8月			◎	★			▲	★
9月		▲		◎		◎	▲	◎
10月		▲	◎			◎	☽	★
11月			◎				▲	◎
12月		▲		◎		★		◎

2027

	北	北東	東	東南	南	南西	西	北西
1月		☽	★				☽	
2月			★	★			◎	☽
3月			◎			★		
4月				◎		◎		
5月			◎	★			★	
6月			◎	◎		◎	★	☽
7月			◎	◎		◎	◎	▲
8月			◎	◎			★	☽
9月				◎		★		☽
10月			★			★	◎	
11月			★			◎	◎	☽
12月			◎			★	◎	

2028

	北	北東	東	東南	南	南西	西	北西
1月				◎				▲
2月	☽		◎	★	☽		▲	★
3月			◎	◎				◎
4月			◎	◎			☽	
5月	▲		◎	◎	▲		▲	
6月				◎	☽			◎
7月	☽		★		▲		☽	
8月	▲		★	★	☽		☽	◎
9月	☽				☽		☽	
10月	☽				☽			★
11月	☽		◎		☽		▲	★
12月			◎	◎			▲	◎

2029

	北	北東	東	東南	南	南西	西	北西
1月			◎	◎			☽	★
2月	▲			◎	★			◎
3月	▲	▲		◎	◎	▲		◎
4月	☽	☽			★	▲		
5月	▲	☽		★	◎	☽		
6月		☽			◎	▲		
7月	☽			◎	◎	☽		★
8月	☽			★	◎			★
9月		▲		◎		☽		◎
10月		▲				☽		★
11月	▲				★			◎
12月	▲	▲		◎		▲		◎

2030

	北	北東	東	東南	南	南西	西	北西
1月	☽	☽			★			
2月	★	◎	▲		☽		◎	
3月	◎	◎	☽		☽	▲		
4月	◎	◎			☽	☽		
5月	◎		☽		☽		★	
6月		★	☽			☽	★	
7月			☽			☽	◎	
8月	★		☽		▲		★	
9月	★	★			☽	▲		
10月	◎	◎	▲		▲	▲	◎	
11月	★	◎	▲		☽	☽	◎	
12月	◎	◎	☽			▲	◎	

六白金星

2025

	北	北東	東	東南	南	南西	西	北西
1月	◎			◎	◎			
2月			▲	◎			▲	
3月			☽	★				
4月			☽	◎			☽	
5月				◎				
6月								
7月			▲				☽	
8月			▲				☽	
9月								
10月								
11月			▲				▲	
12月			☽	★			▲	

2026

	北	北東	東	東南	南	南西	西	北西
1月			☽	◎			☽	
2月				☽				★
3月		☽				★		
4月		▲	★			★	☽	
5月		☽	★			◎	☽	
6月		☽				◎		
7月				☽				★
8月			★	☽			▲	★
9月		▲		▲		◎	▲	◎
10月			◎				☽	◎
11月								★
12月		☽				★		

2027

	北	北東	東	東南	南	南西	西	北西
1月		▲	★				☽	
2月			★				◎	
3月								
4月				◎				
5月			★	◎			★	
6月			◎	★			★	◎
7月			◎	◎			◎	◎
8月				◎				★
9月								
10月			★				◎	
11月			★				◎	
12月								

2028

	北	北東	東	東南	南	南西	西	北西
1月				◎				★
2月				◎				▲
3月				★				☽
4月				◎				
5月	▲			◎	▲			
6月					☽			
7月	☽				☽			
8月	☽				▲			
9月	▲				☽			
10月	☽				☽			▲
11月								▲
12月				★				☽

2029

	北	北東	東	東南	南	南西	西	北西
1月				◎				☽
2月	▲				★			
3月	▲	◎			◎	▲		
4月	☽	★			◎	▲		
5月	☽	◎			★	☽		
6月		◎			◎	☽		
7月	☽				◎			
8月								
9月		★				☽		
10月								
11月	▲				★			
12月	▲	◎				▲		

2030

	北	北東	東	東南	南	南西	西	北西
1月	☽	★			◎			
2月	◎	☽	▲		★		◎	
3月	★	☽			◎	☽		
4月	◎				◎			
5月			▲				★	
6月		▲	☽			☽	★	
7月			☽				◎	
8月	★				★			
9月	★	☽			◎	▲		
10月	◎	▲	▲		◎	▲	◎	
11月	◎	☽	▲		★	☽	◎	
12月	★	☽				☽		

◎：大吉方位　★：年の吉方位　☽：月の吉方位　▲：大きな効果は期待できない方位　無印：凶方位

七赤金星

2025

	北	北東	東	東南	南	南西	西	北西
1月		◎		◎				
2月			▲	◎			▲	
3月			☽	★				
4月				◎				
5月			☽				☽	
6月				◎				
7月			▲				☽	
8月				★				
9月							☽	
10月								
11月			▲				▲	
12月			☽	★			▲	

2026

	北	北東	東	東南	南	南西	西	北西
1月				◎				
2月			◎				☽	
3月				☽				◎
4月			★				☽	
5月				▲				
6月			◎				☽	
7月				☽				★
8月			★	☽			▲	★
9月				▲			▲	◎
10月								◎
11月			◎				☽	
12月				☽				◎

2027

	北	北東	東	東南	南	南西	西	北西
1月			★				☽	
2月				★				◎
3月								
4月				◎		★		
5月				◎				
6月				★				◎
7月				◎		◎		◎
8月								
9月				◎		★		◎
10月						★		
11月						◎		◎
12月								

2028

	北	北東	東	東南	南	南西	西	北西
1月				◎				★
2月			★				★	
3月			◎					
4月								
5月	▲		◎		▲		◎	
6月					☽			
7月	☽		★		☽		◎	
8月	☽				▲			
9月	▲				☽		◎	
10月								
11月			★				★	
12月			◎				★	

2029

	北	北東	東	東南	南	南西	西	北西
1月								
2月	▲				★			
3月	▲	◎		◎	◎	▲		◎
4月	☽	★			◎	▲		
5月	☽	◎		★	★	☽		
6月					◎			
7月				◎		▲		★
8月				◎				★
9月				★				◎
10月		★				☽		◎
11月	▲				★			
12月	▲	◎		◎		▲		◎

2030

	北	北東	東	東南	南	南西	西	北西
1月	☽	★			◎			
2月	◎	☽			★			
3月	★		☽		◎			
4月		☽				▲		
5月			▲				★	
6月			☽				★	
7月						☽		
8月	★		☽		★		◎	
9月	★	☽			◎	▲		
10月	◎	▲	▲		◎	▲	◎	
11月	◎	☽			★	☽		
12月	★		☽				◎	

八白土星

2025

	北	北東	東	東南	南	南西	西	北西
1月		◎		◎				
2月	◎		◎	▲	◎		▲	
3月				☽				
4月			◎				☽	
5月	★		◎	☽	★		▲	
6月					◎			
7月	◎				★			
8月	★		★	▲	◎		☽	
9月							☽	
10月								
11月	◎		◎		◎		▲	
12月				☽				

2026

	北	北東	東	東南	南	南西	西	北西
1月			◎				☽	
2月				◎				◎
3月		▲				★		
4月		☽				★		
5月				★				
6月		☽				★		
7月				◎		◎		★
8月				★				★
9月		▲		◎		◎		◎
10月		▲				◎		
11月								◎
12月		▲				★		

2027

	北	北東	東	東南	南	南西	西	北西
1月		☽						
2月			★				◎	
3月			◎			★		
4月						◎		
5月			◎				★	
6月						◎		
7月			◎			◎	◎	
8月			◎				★	
9月						★		
10月						★		
11月			★				◎	
12月			◎			★	◎	

2028

	北	北東	東	東南	南	南西	西	北西
1月								
2月	☽		◎	★	☽		▲	★
3月				◎				◎
4月			◎				☽	
5月	▲		◎	◎	▲		▲	
6月					☽			
7月	☽				▲			
8月	▲		★	★	☽		☽	◎
9月							☽	
10月								★
11月	☽		◎		☽		▲	★
12月				◎				◎

2029

	北	北東	東	東南	南	南西	西	北西
1月			◎				☽	
2月	▲				★			
3月	▲	▲			◎	▲		
4月	☽	☽			★	▲		
5月	▲				◎			
6月		☽				▲		
7月						☽		
8月	☽				◎			
9月		▲				☽		
10月		▲				☽		
11月	▲				★			
12月	▲	▲				▲		

2030

	北	北東	東	東南	南	南西	西	北西
1月	☽	☽			★			
2月	★				☽			
3月		◎				▲		
4月		◎				☽		
5月	◎				☽			
6月		★				☽		
7月						☽		
8月	★				▲			
9月	★	★			☽	▲		
10月	◎	◎			▲	▲		
11月	★				☽			
12月		◎				▲		

◎：大吉方位　★：年の吉方位　☽：月の吉方位　▲：大きな効果は期待できない方位　無印：凶方位

九紫火星

2025

	北	北東	東	東南	南	南西	西	北西
1月	◎			◎	▲			
2月	▲			▲	▲			
3月								
4月				☽				
5月	☽				☽			
6月				▲	☽			
7月	☽				▲			
8月				☽				
9月								
10月	☽				▲			
11月	▲				▲			
12月								

2026

	北	北東	東	東南	南	南西	西	北西
1月				☽				
2月			★				★	
3月		★				☽		
4月			◎				◎	
5月		◎	◎			☽	★	
6月		★	◎			▲	★	
7月								
8月								
9月		◎				▲	◎	
10月		◎	★			▲	◎	
11月			★				★	
12月		★				☽		

2027

	北	北東	東	東南	南	南西	西	北西
1月			◎				◎	
2月			☽	◎			★	▲
3月			☽			▲		
4月				◎				
5月				★				
6月			☽			▲	◎	
7月			▲	◎		▲	◎	▲
8月			▲				★	
9月				★		☽		☽
10月			☽				◎	
11月			☽			☽	★	▲
12月			☽			▲	★	

2028

	北	北東	東	東南	南	南西	西	北西
1月				◎				☽
2月	★				★			
3月			☽					
4月			▲				☽	
5月	◎		▲		◎		▲	
6月					◎			
7月	◎		☽		★		☽	
8月			☽				▲	
9月							▲	
10月	◎				★			
11月	★				★			
12月			☽				☽	

2029

	北	北東	東	東南	南	南西	西	北西
1月			▲				☽	
2月	◎				◎			
3月	◎	▲		▲	◎	◎		◎
4月	◎				★			
5月		☽		☽		◎		
6月		▲				★		
7月	◎			☽	★			◎
8月	★			▲	★			◎
9月		☽				★		
10月		☽				★		★
11月	◎				◎			
12月	◎	▲		▲		◎		◎

2030

	北	北東	東	東南	南	南西	西	北西
1月	◎				★			
2月			◎				★	
3月			◎					
4月	◎				▲			
5月	★				▲			
6月			◎				◎	
7月			★				◎	
8月	◎		★		☽		★	
9月	◎				☽			
10月	◎		◎		▲		◎	
11月			◎				★	
12月			◎				★	

［著者］
李家幽竹（りのいえ・ゆうちく）
一般社団法人 李家幽竹空間風水学会 理事長。韓国・李王朝の流れをくむ、ただ一人の風水師。「風水は環境をととのえることで運を呼ぶ環境学」という考えのもと、さまざまなアドバイスを行いながら、テレビ、雑誌、セミナーなどで幅広く活躍。現在までに出版した書籍は300冊以上、累計販売は1000万部を超え、世界12か国で翻訳・出版されている。主宰する空間風水学会では風水アドバイザーの育成に尽力している。
著書に、『ナンバー1風水師が教える運のいい人の仕事の習慣』『改訂新版 絶対、運が良くなる旅行風水』『絶対、運が良くなるパワースポット』『絶対、お金に好かれる！ 金運風水』『どんな運も、思いのまま！李家幽竹の風水大全』(以上、ダイヤモンド社)、『悪運をリセット！ 強運を呼び込む!! おそうじ風水』『運がよくなる 風水収納&整理術』(以上、PHP文庫)、『最強 パワーストーン風水』（秀和システム）、『李家幽竹の幸せ風水』『李家幽竹 花風水カレンダー』シリーズ（以上、世界文化社）など多数。

オフィシャルウェブサイト　https://yuchiku.com
一般社団法人　李家幽竹空間風水学会 オフィシャルウェブサイト
https://www.kukan-fengshui.com
Instagram　https://www.instagram.com/yuchikurinoie
Instagram（オフィシャル）　https://www.instagram.com/yuchikurinoie_official
X（旧 Twitter）　https://twitter.com/rinoieyuchiku

激変！キャッシュレス時代の金運アップ対策
李家幽竹の一生お金に困らない超☆風水術

2025年3月25日　第1刷発行

著　者――――李家幽竹
発行所――――ダイヤモンド社
〒150-8409　東京都渋谷区神宮前6-12-17
https://www.diamond.co.jp/
電話／03･5778･7233（編集）　03･5778･7240（販売）
編集協力――――木村涼子
イラスト――――林ユミ
装丁・本文デザイン―新井大輔、八木麻祐子(装幀新井)
本文DTP――――道倉健二郎(Office STRADA)
校正――――――星野由香里
製作進行――――ダイヤモンド・グラフィック社
印刷――――――勇進印刷
製本――――――ブックアート
編集担当――――中村直子

ISBN 978-4-478-12122-1